Psychotherapie im Alter

Forum für
Psychotherapie,
Psychiatrie,
Psychosomatik
und Beratung

Herausgegeben von:
Peter Bäurle, Münsterlingen; Johannes Kipp, Kassel; Meinolf Peters,
Marburg/Bad Hersfeld; Astrid Riehl-Emde, Heidelberg; Angelika
Trilling, Kassel; Henning Wormstall, Schaffhausen/Tübingen

Beirat

Beate Baumgarte, Gummersbach

Doris Fastenbauer, Wien

Peter Fischer, Wien

Nikolaus Grünherz, Hagen

Eike Hinze, Berlin

Rolf-D. Hirsch, Bonn

Johannes Johannsen, Köln

Ursula Koch-Straube, Darmstadt

Andreas Maercker, Zürich

Gertraud Schlesinger-Kipp, Kassel

Ulrich Schmid-Furstoss, Wuppertal

Roland Schmidt, Erfurt

Ursula Schreiter Gasser, Zürich

Gabriela Stoppe, Basel

Martin Teising, Frankfurt

Werner Vogel, Hofgeismar

Claus Wächtler, Hamburg

Dirk Wolter, Wasserburg

Psychosozial-Verlag

Impressum

Psychotherapie im Alter
Forum für Psychotherapie, Psychiatrie, Psychosomatik und Beratung

ISSN 1613-2637
6. Jahrgang, Nr. 24, 2009, Heft 4

ViSdP: Die Herausgeber; bei namentlich gekennzeichneten Beiträgen die Autoren. Namentlich gekennzeichnete Beiträge stellen nicht in jedem Fall eine Meinungsäußerung der Herausgeber, der Redaktion oder des Verlages dar.

Erscheinen: Vierteljährlich

Herausgeber: Dr. Peter Bäurle, Dr. Johannes Kipp, Dr. Meinolf Peters, Prof. Dr. Astrid Riehl-Emde, Dipl.-Päd. Angelika Trilling, Prof. Dr. Henning Wormstall

Mitbegründer und Mitherausgeber 2004–2008: Prof. Dr. Hartmut Radebold

Die Herausgeber freuen sich auf die Einsendung Ihrer Fachbeiträge! Bitte wenden Sie sich an die Schriftleitung:
Dr. Johannes Kipp, Klinik für Psychosomatische Medizin und Psychotherapie
Klinikum Kassel
Mönchebergstraße 41–43, 34125 Kassel
Tel.: 0561/9803825 · Fax: 0561/9806844
E-Mail: j.kipp@psychotherapie-im-alter.de
www.psychotherapie-im-alter.de

Redaktionelle Mitarbeit: Klaus Rudolf Schell (Schwerte)
Übersetzungen: Keri Shewring

Satz: Hanspeter Ludwig, Gießen
Druck: Majuskel Medienproduktion GmbH
www.majuskel.de

Anfragen zu Anzeigen bitte an den Verlag:
E-Mail: anzeigen@psychosozial-verlag.de

Abonnentenbetreuung
Psychosozial-Verlag
Walltorstraße 10
35390 Gießen
Tel.: 0641/969978-26
Fax: 0641/969978-19
E-Mail: bestellung@psychosozial-verlag.de
www.psychosozial-verlag.de

Bezug
Jahresabo 49,90 Euro · 85,50 SFr (zzgl. Versand)
Einzelheft 14,90 Euro · 26,80 SFr (zzgl. Versand)
Studierende erhalten gegen Nachweis 25% Rabatt.
Das Abonnement verlängert sich um jeweils ein Jahr, sofern nicht eine Abbestellung bis zum 15. November erfolgt.

Copyright
© 2009 Psychosozial-Verlag. Nachdruck – auch auszugsweise – mit Quellenangabe nur nach Rücksprache mit den Herausgebern und dem Verlag. Alle Rechte, auch die der Übersetzung, vorbehalten.

Die Herausgabe der Zeitschrift wurde von 2004–2008 von der Robert-Bosch-Stiftung gefördert.
Die Herausgeber danken auch für die Unterstützung durch die Arbeitsgruppe Psychoanalyse und Altern, Kassel.

Inhalt PiA 4/2009
Schmerz

Editorial

Peter Bäurle
Schmerz und Alter — 381

Übersichten

Caspar Rüegg
Psychosomatik und Neurobiologie chronischer Schmerzen — 385

Johannes Kipp
Grundzüge der allgemeinen Schmerztherapie
und das therapeutische Vorgehen bei Patienten
im höheren Lebensalter — 393

Fallzentrierte Arbeiten

Felix Müller
Klinische Aspekte der Schmerztherapie im Alter — 409

Bernadette Ruhwinkel
Wenn es in der Beziehung schmerzt –
Grenzen und Möglichkeiten von Paartherapie
in der zweiten Lebenshälfte — 419

André Thali
Ältere Menschen mit chronischen Schmerzen
nach Unfallverletzungen – Das Ende der Erwerbstätigkeit? — 431

Johannes Kipp
Psychogene Schmerzverstärkung im Alter –
Körperschmerz und Seelenschmerz — 443

Rolf D. Hirsch
Scherz und Schmerz – Humor als »Analgetikum«? — 457

Christian Schwegler
Akupunktur im Alter   469

Schmerzdiagnostik im Alter

Matthias Schuler
Schmerzassessment bei Menschen mit Demenz –
Eine Übersicht   479

Institutionen stellen sich vor

Peter Bäurle
ViaNova: Privatstation mit dem Schwerpunkt 50+   493

Besprechungen

Johannes Kipp
Regine Alegiani (2009) Die späte Suche nach Grund   497

Bertram von der Stein
Hartmut Kraft (2008) PlusHeilung –
Die Chancen der großen Krisen   498

Johannes Kipp
Maggie Phillips (2009) Chronische Schmerzen
behutsam überwinden   499

Zum Titelbild

Silvia Steffen
Der Schmerz, nicht geliebt zu werden   503

Veranstaltungshinweis   504

Autorinnen und Autoren   505

Editorial

Schmerz und Alter

Ab dem 60. Lebensjahr entspricht das Lebensalter in etwa dem Prozentsatz derer, die an Schmerzen leiden (Gagliesi u. Melzack 1997). Das Bedrohliche ist, dass es sich um chronische Schmerzen handelt. Schmerzen haben ihre eigentliche Funktion als Warnsignale für eingetretene körperliche Schädigungen verloren und sich zu einem eigenständigen Krankheitszustand entwickelt.

Wird aber der chronische Schmerz gleich stark empfunden wie in jüngeren Jahren? Da mit zunehmendem Alter die akustischen, optischen und olfaktorischen Wahrnehmungsstärken geringer werden, bestünde die Hoffnung, dass auch das Schmerzempfinden im Alter geringer werden könnte. Nehmen die Nozirezeptorenbahnen ab und liegt die Schmerzschwelle höher? Die Studienlage dazu ist nicht eindeutig. Nach einigen Studien ist die Schmerzschwelle erniedrigt, nach anderen erhöht. Nach der Gesamtsicht der vorliegenden Studien muss davon ausgegangen werden, dass sich das Schmerzempfinden, zumindest was die Schmerzintensität betrifft, nicht wesentlich ändert (Harkins 1992). Hinsichtlich der Schmerztoleranz, also der Schwelle, von der an Schmerzreize nicht mehr toleriert werden, ist hingegen klar, dass sie im Alter erniedrigt ist (Edwards 2005). Auch die Diskriminationsfähigkeit für Schmerzreize nimmt mit dem Alter ab, jedoch wird dies auf die zunehmenden kognitiven Einschränkungen zurückgeführt (Basler 2007).

Die Vorstellung, im Alter an Schmerzen zu leiden, ist zumindest in der Schweiz für Ältere oft der Grund, sich einer Sterbehilfeorganisation anzuschließen. Allein die Vorstellung, im Alter unkontrollierbaren chronischen Schmerzen ausgeliefert zu sein, ist so bedrohlich, dass nur im Suizid eine Lösung gesehen wird. Insbesondere bei eingeschränkter oder aufgehobener Mobilität ist das Suizidrisiko höher. Möglicherweise spielt für eine solche Entscheidung die Angst vor Kontrollverlust und das Angewiesensein auf andere eine große Rolle. Autonomie und Selbstbestimmung haben in unserer Kultur gerade auch für ältere Menschen offensichtlich den höchsten Stellenwert. Darin besteht ein möglicher Grund, weshalb in der westlichen Zivilisation Suizidraten im Alter höher sind als in anderen Kulturen.

Für das Verständnis von Schmerzen im Alter ist es hilfreich, eine Schmerzbiografie zu erheben. Aus den schmerzhaften Vorerfahrungen, die oft mit emotionalen Ereignissen verbunden sind, kann das Ansprechen auf Schmerzreize verstärkt werden. Beim Erleben von Schmerzen spielt die emotionale Bewertung eine große Rolle. Kindliche Traumatisierungen beispielsweise durch

Editorial

Vernachlässigung, Missbrauch, Krieg oder Naturkatastrophen erhöhen das Risiko für ein späteres Schmerzerleben.

Das Schmerzgedächtnis ist im Kindesalter aber weniger ausgeprägt und nimmt erst im Verlauf der Jahre mit der Ich-Entwicklung zu. Dies zeigt sich auch darin, dass ich-nahe Schmerzen wie z. B. Verletzungen am Kopf und im Gesicht oder Zahnschmerzen eine andere Qualität und einen anderen Bedrohungscharakter haben als ich-ferne Verletzungen an Fingern oder Zehen.

Da sich für die Erklärung der Schmerzentstehung im Alter häufig körperliche Veränderungen anbieten, werden seelische Gründe oft nicht erkannt. Umgekehrt besteht die Gefahr, dass bei einer ausschließlich psychogenen Sichtweise körperliche Ursachen übersehen werden. Deshalb bedarf es einer psychosomatischen *und* einer somatopsychischen Perspektive.

Aus psychotherapeutischer Sicht können Schmerzen im Alter auch folgende Funktionen haben: Darstellung einer schmerzhaft erlebten Vergangenheit, Ausdruck von Trauer, Entlastung von Depression und Angst oder von Schuldgefühlen und Erhalt von bedrohten sozialen Kontakten. Da alte Menschen psychische Störungen oft besonders negativ bewerten und psychiatrische Erkrankungen oft mit eigenem Verschulden und gesellschaftlicher Ausgrenzung gleichgesetzt werden, ist mit dem Hinweis auf einen solchen Zusammenhang vorsichtig umzugehen. Es ist deshalb wichtig, zu Beginn einer Behandlung nicht auf einer psychogenen Verursachung von Schmerzen zu beharren, sondern dem Patienten anzubieten, gemeinsam nach Wegen zu suchen, wie die Schmerzen erträglicher werden. Seelische Ursachen können oft erst nach der Entwicklung einer tragfähigen psychotherapeutischen Beziehung thematisiert werden.

Welche therapeutischen Möglichkeiten bieten sich? Psychoedukation, Entspannungsverfahren, Sport und Achtsamkeitsübungen haben sich in der Klinik bewährt. Insbesondere Letzteren kommt eine besondere Bedeutung zu. Aus der Position eines freundlichen neutralen Beobachters kann eine Distanzierung zum Schmerz erreicht werden. Zugleich kann der Patient realisieren, dass er nicht nur unter Schmerzen leidet, sondern auch über andere Anteile verfügt und so aus der Position eines Beobachters den Schmerz als einen Teilaspekt von sich wahrnehmen kann. Die Erfahrung, dass es einen Beobachter gibt, der nicht identisch mit dem schmerzgeplagten Teil ist, ist dabei ausschlaggebend.

Die Schwierigkeit konzentrativer und kontemplativer Verfahren zur Schmerzbewältigung besteht allerdings darin, dass im Stadium des akuten Schmerzes oft die nötige Konzentration nicht aufgebracht werden kann, um sich mit dieser Technik aus der Schmerzsituation zu befreien. Hingegen können regelmäßig geübte Verfahren auch in Akutsituationen hilfreich sein, wenn auf eine konditionierte verinnerlichte Technik zurückgegriffen werden kann.

Editorial

Insofern stellen konzentrative Übungen, wie Achtsamkeitsübungen, nicht nur eine Möglichkeit dar, einen aktuellen Entspannungszustand hervorzurufen, sie sind auch als präventive Maßnahmen geeignet, um in Akutsituationen darauf zurückgreifen zu können.

Im praktischen Umgang mit Schmerzpatienten bewährt sich oft auch die Frage: Was würden Sie tun, wenn Sie keine Schmerzen mehr hätten? Bei der Beantwortung zeigt sich dann, welche Funktionen die Schmerzen haben, wenn beispielsweise Ziele geäußert werden, deren Erreichen nicht mehr möglich ist.

Eine weitere wesentliche Aufgabe bei älteren Patienten besteht auch darin, nach Schmerzen gezielt zu fragen. *Underreporting of pain* ist weitverbreitet, weil Ältere oft der Meinung sind, dass Schmerzen eben zum Alter gehören und folglich ertragen werden müssen. Aber auch aufseiten der Therapeuten werden Schmerzen oft dem Alter per se zugeschrieben. Ein kurzes Gespräch in der Praxis kann dies illustrieren:

Eine 87-jährige Dame kommt zum Arzt und beklagt sich über Schmerzen im rechten Kniegelenk. Nach einer oberflächlichen Untersuchung erklärt der Arzt, dass dieser Schmerz im rechten Kniegelenk doch altersbedingt sei. Daraufhin antwortet die Patientin: »Mein linkes Knie ist ebenfalls 87 Jahre alt und schmerzt nicht!«

Wir hoffen, mit dem vorliegenden Themenheft einen Beitrag für ein besseres Verständnis und damit auch für erfolgreichere Behandlungen von Schmerzen im Alter leisten zu können. Ein Teil der abgedruckten Beiträge stammt aus Referaten vom 6. Münsterlinger Symposium zur Alterspsychotherapie: *Schmerzen im Alter – seelische Ursachen, seelische Folgen.*

Peter Bäurle (Aadorf/Schweiz)

Literatur

Basler HD (2007) Schmerz und Alter. In: Kröner-Herwig B, Frettlöh J, Klinger R, Nilges P (Hg) Schmerzpsychotherapie. 6. Aufl. Heidelberg (Springer) 195–206.
Gagliese L, Melzack R (1997) Chronic pain in the elderly. Pain 70(1): 3–14.
Harkins SW, Price DD (1992) Assessment of pain and the elderly. In: Turk DC, Melzack R (eds) Handbook of pain assessment. New York (Guilford Press) 315–331.
Edwards R (2005) Age – associated differences in pain perception and pain processing. In: Gibson S, Weiner D (edts.) Pain in older persons. progress in pain research and management 35: 45–65.

Editorial

Korrespondenzadresse:
Chefarzt Dr. med. Peter Bäurle
Psychotherapeutische Klinik Aadorf
Fohrenbergstr. 23
CH–8355 Aadorf
E-Mail: *p.baeurle@klinik-aadorf.ch*

Psychosomatik und Neurobiologie chronischer Schmerzen

Johann Caspar Rüegg (Heidelberg/Hirschberg)

Zusammenfassung

Nicht hinreichend durch körperlich-medizinische Befunde erklärbare (somatoforme) Schmerzen können durch psychosozialen Stress bzw. auch durch eine erhöhte Schmerzsensitivität bedingt sein, wie vor allem bei der Fibromyalgie. Wie mit bildgebenden Verfahren gezeigt, korrelieren sie in der Regel mit der neuronalen Aktivität in der Schmerzmatrix des Limbischen Systems, insbesondere im Gyrus cinguli anterior, aber auch mit einer reduzierten endogenen Schmerzhemmung durch körpereigene schmerzhemmende Opioide.

Stichworte: Somatoformer Rückenschmerz, Fibromyalgie, Limbisches System, endogene Schmerzhemmung, Placebo

Abstract: Neurobiology of psychosomatic pain

Psychosomatic pain may be related to mental or social stress but may also result from increased painsensitivity – particularly in the case of fibromyalgia. It usually correlates with neuronal activity in the so called pain matrix of the limbic system (e. g. the anterior cingulate) as well as with decreased endogeneous pain inhibition by opioid peptides.

Key words: psychosomatic backpain, fibromyalgia, anterior cingulate, pain sensitivity, opioid peptides, placebo

Einleitung

Schmerzen, vor allem auch Rückenschmerzen, gehören zu den häufigsten Leiden älterer Menschen (Hartvigsen et al. 2003). Sie entstehen im Hirn – gewöhnlich aufgrund von Informationen, die dem Gehirn von »Schmerzrezeptoren« der Haut und des Körperinneren, den sogenannten Nozizeptoren, über das Rückenmark zugeleitet werden. Wie wir alle wissen, kann Schmerz aber auch dann empfunden werden, wenn die Schmerzinformation anscheinend ihren Ursprung nicht in den Nozizeptoren oder (wie bei neuropathischen Schmerzen)

Übersichten

in beschädigten peripheren Nerven hat. Gerade bei den im Alter besonders häufigen *chronischen* Rückenschmerzen können Ärzte vielfach keinen organischen Befund erheben, der die Schmerzen verständlich macht. Sie werden dann als psychosomatische bzw. somatoforme Schmerzen bezeichnet.

Psychosomatische Schmerzen sind oftmals durch psychosozialen Stress bedingt. Eine seelische Anspannung löst nämlich meist eine (schmerzhafte) Verspannung der Rücken- und Nackenmuskulatur aus. Und dies erregt dann Neuronen im Rückenmark, die nun ihrerseits erneut eine schmerzhafte Anspannung der Muskulatur bewirken. Mit anderen Worten: Jeder Schmerz im Bewegungsapparat ist ein Stressor, der den Schmerz verstärkt, weil er wiederum Muskelverspannungen verursacht, die Schmerzen machen – ein Teufelskreis also, der die Schmerzkrankheit perpetuiert. Man spricht vom myalgischen Circulus vitiosus. Dies lässt die Betroffenen verzweifeln, kann sie sogar in eine Depression treiben – vor allem, wenn sich die Leidenden ständig auf ihren Schmerz fixieren, ihn »katastrophisieren« und durch ihr Klagen auch noch einen sekundären Krankheitsgewinn haben.

Fast die Regel sind depressive Störungen bei Schmerzpatienten mit der Diagnose Fibromyalgie (Thieme et al. 2004), bei der sich nicht nur in den Muskeln, sondern auch an manchen Sehnenansätzen äußerst druckempfindliche Stellen, sogenannte »tender points«, ausmachen lassen. Der Muskeltonus ist dann häufig schmerzhaft erhöht (Schneider et al. 2004). Obwohl sich an den »tender points« anscheinend kein organischer Befund erheben lässt – das Krankheitsbild ist offenbar somatoform –, ruft schon die leichteste Berührung sehr starke Schmerzen hervor. Die Patienten sind also außergewöhnlich schmerzempfindlich, der subjektiv empfundene Schmerz entspricht bei weitem nicht dem medizinisch festgestellten Befund, sodass diese Schmerzkrankheit vielfach zu den psychosomatischen Erkrankungen gezählt wird (Heinl u. Heinl 2004). Wie wir sehen werden, liegen diesem Krankheitsbild aber nicht nur seelische Ursachen, sondern auch Veränderungen in den »Schmerzzentren« des Gehirns zu Grunde, welche die Schmerzempfindlichkeit enorm erhöhen (Cook et al. 2004).

Nicht selten liegen die Wurzeln psychosomatischer Rückenschmerzen aber auch weit in der Kindheit; sie sind dann insbesondere in frühen traumatischen Erfahrungen von Gewalt zu suchen. So berichten Heinl und Heinl (2004) von einem Schmerzpatienten, dessen Rücken sich jedes Mal bei Stress – aber auch allein schon beim vorsichtigen Abtasten während einer ärztlichen Untersuchung im Bereich der Lendenwirbelsäule – an genau der Stelle schmerzhaft versteifte, an der er als Kind vom Vater regelmäßig Prügel erhielt. Wie Goldberg und Goldstein (2000) nachwiesen, sind mehr als die Hälfte aller Patienten mit chronischen Schmerzkrankheiten in ihrer Kindheit traumatisiert worden. Sie wurden geschlagen oder sogar misshandelt. Schmerzhafte traumatische Erfahrungen von Gewalt und Missbrauch, die kleine Kinder machen, »graben« sich eben ins implizite Gedächtnis ein. Sie können damit in der neuronalen Struktur des Gehirns verankert werden und noch lange nach dem Trauma, ja sogar noch im Erwachsenenalter, die psychischen Reaktionsweisen beeinflussen und so beispielsweise zu (psychosomatischen) Schmerzzuständen führen. Sie werden vor allem durch »Auslöser« wiederbelebt, welche das dem Schmerzgeschehen zugrunde liegende Trauma von damals in Erinnerung rufen. So darf man sich auch nicht wundern, wenn Kinder, die von klein auf geschlagen wurden und die Brutalität von Bezugspersonen erfahren haben, zu psychosomatischen bzw. somatoformen Schmerzen neigen; diese Menschen sind »pain prone«, haben also – um mit Adler (1996) zu sprechen – geradezu »eine Neigung, Schmerz erleiden zu müssen«. Sie sind, mit anderen Worten, besonders schmerzempfindlich und wehleidig. Haben solche Unterschiede in der Schmerzsensitivität ein neurobiologisches Korrelat im Gehirn?

Neurobiologische Korrelate der Schmerzempfindlichkeit

Geringer oder starker Schmerz wird offenbar aufgrund unterschiedlicher neuronaler Aktivitäten in der sogenannten Schmerzmatrix des Gehirns empfunden (Casey 1999). Ein Teil der Schmerzmatrix ist im Limbischen System lokalisiert, genauer gesagt im anterioren Gyrus cinguli, der an der Innerseite einer Hirnhemisphäre direkt über dem Balken (corpus callosum) gelegen ist. Ein anderer Teil befindet sich in einer Hirnwindung des Scheitellappens, nämlich im Gyrus postcentralis. Diese hinter der Zentralfurche des Großhirns gelegene Hirnwindung wird auch als somatosensorischer Kortex bezeichnet, da in ihr die Sensorik der verschiedenen Körperregionen wie auf einer mentalen Landkarte repräsentiert ist, allerdings maßstäblich stark verzerrt. Beispielsweise nimmt die Repräsentation des ganzen Rückens viel weniger Platz ein als diejenige von Hand oder Gesicht, also von Regionen, in denen – beispielsweise – Schmerzempfindungen besonders genau lokalisiert werden können. Wo es »weh tut«, weiß also der Mensch dank seines somatosensorischen Kortex; wie sehr es schmerzt, das spürt er aufgrund der neuronalen Aktivität im anterioren Gyrus cinguli, einem Teil des Limbischen Systems (Rainville et al. 1997).

Die individuelle Schmerzempfindlichkeit ist, wie gesagt, sehr unterschiedlich. In jedem Falle korreliert der jeweils subjektiv so unterschiedlich empfundene Schmerz mit der Intensität der neuronalen Aktivität im Gyrus cinguli und im somatosensorischen Kortex. Dies zeigten Coghill et al. (2003) in Untersuchungen mit der funktionellen Magnetresonanztomografie (fMRI).

Sie untersuchten mit dieser Methode Versuchsteilnehmer, denen sie die Waden mit 49 Grad heißen Metallplatten schmerzhaft reizten. Anschließend fragten sie die Studienteilnehmer nach einer persönlichen Bewertung der Schmerzintensität auf einer Skala von 0 bis 10. Nicht unerwartet klafften die subjektiven Bewertungen weit auseinander. Je nach subjektiver Schmerzempfindlichkeit wurde die Intensität dieses Hitzereizes völlig unterschiedlich bewertet, und zwar von »kaum gespürt« bis »nicht auszuhalten«. Die Übereinstimmung der unterschiedlichen subjektiven Angaben mit den objektiven Messwerten neuronaler Aktivität im funktionellen MRI war jedoch ganz hervorragend. Die größten Unterschiede neuronaler Aktivität zeigten sich dabei im primären somatosensorischen Kortex sowie im anterioren Gyrus cinguli. Beide Hirnareale wurden bei den schmerzempfindlichen Probanden während der standardisierten Hitzereize viel stärker durchblutet und aktiviert als bei weniger »Wehleidigen«. Ergo hat der in der »Ersten-Person-Perspektive« so unterschiedlich erlebte Schmerz ein objektives, neurobiologisch fassbares Korrelat.

Nun hängt aber die Intensität der Schmerzempfindung und der neuronalen Aktivität in der Schmerzmatrix auch davon ab, welche Bedeutung man dem Schmerz zuschreibt und wie sehr man auf ihn achtet. So fanden Nakamura et al. (2002) heraus, dass eine erhöhte Aufmerksamkeit auf schmerzhafte Hautreize sowohl die Schmerzwahrnehmung als auch die neuronale Aktivität der Schmerzmatrix gesunder Probanden verstärkt. Wurden die Versuchspersonen hingegen abgelenkt, gingen die durch schmerzhafte Hautreize induzierte Aktivität im vorderen Gyrus cinguli und die empfundenen Schmerzen deutlich zurück (Valet et al. 2004).

Schmerzpatienten können auf eine solche Weise erfahren und fühlen, dass sie durchaus selbst imstande sind, auf ihre Schmerzen einzuwirken und sie zu kontrollieren, zum Beispiel, indem sie sich ablenken oder den Schmerz weniger katastrophisieren. »Selbstwirksamkeit« heißt dieses Gefühl, das auch ein guter Schmerztherapeut zu vermitteln weiß – durch Psychoedukation (Rüegg 2007b).

Schmerz und Depression bei Fibromyalgie

Gewiss hängt es aber auch von unserer seelischen Befindlichkeit ab, wie stark wir einen Schmerz spüren. In einem depressiven Zustand, wie er gerade bei Fibromyalgie so häufig vorkommt, empfindet man den Schmerz stärker. »Change the mood and you change the pain«, sagen die Angelsachsen. Negative Affekte verstärken den Schmerz und umgekehrt: Gute Laune, Humor und positive Affekte lindern den Schmerz. Eine solche Reduktion des Schmerzes wird offenbar durch endogene Opioide, die Endorphine, hervorgerufen, die wie Opium wirken und bei Lust und guter Laune vom Nucleus accumbens, dem Lust- und Belohnungszentrum des Gehirns, und vom körpereigenen schmerzhemmenden System durch Projektionsneuronen in der Schmerzmatrix freigesetzt werden. Dementsprechend kann die durch positive Affekte ausgelöste Schmerzreduktion durch Opioidrezeptor-Blocker verhindert werden (Leknes u. Tracey 2008).

Während gute Laune den Schmerz hemmt, macht – umgekehrt – chronischer Schmerz lustlos, anhedonisch, ja sogar depressiv. Deshalb fehlt es so manchen chronischen Schmerzpatienten an positiven Affekten; sie können sich nicht freuen, leiden also unter einer Anhedonie. Kurz gesagt, sie sind depressiv. Seelische bzw. psychosoziale und körperliche Schmerzen werden oftmals nicht unterschieden, sie verstärken sich gegenseitig und vermutlich aktivieren sie auch die gleiche Hirnstruktur, nämlich den anterioren Gyrus cinguli, wie mit bildgebenden Verfahren gezeigt wurde (Eisenberger u. Lieberman 2004). Lustlosigkeit und Depression hemmen nämlich die Freisetzung von Dopamin und von schmerzhemmenden Endorphinen im Nucleus accumbens (Leknes u. Tracey 2008). Die dem Gehirn eigenen Rezeptoren für Schmerz hemmende endogene Opioide werden somit ungenügend aktiviert. Und gerade deshalb leiden Depressive auch mehr unter ihren Schmerzen. Ihr Schmerz verstärkt sich also gleichsam von selbst, was dann wiederum die Depression verstärkt, ein Teufelskreis. Es ist aus diesem Grund erforderlich, bei chronischen Schmerzen auch an eine Depression zu denken und diese entsprechend zu behandeln.

Wie gesagt, sind die an Fibromyalgie erkrankten Schmerzpatienten oftmals depressiv. Ihre Schmerzen und insbesondere ihre enorme Schmerzempfindlichkeit haben nicht nur seelische, sondern auch organische (Mit-)Ursachen, nämlich einen Mangel an Endorphinrezeptoren im Gehirn (Harris et al. 2007). Die Reduktion der Rezeptoren für Opioide korreliert mit dem Schmerz bzw. mit der Schmerzempfindlichkeit. Zusammen mit der eingeschränkten Opioidfreisetzung infolge der Depression erklärt dies die enorme Schmerzempfindlichkeit der an Fibromyalgie leidenden Patienten und Patientinnen. Die endogene Schmerzhemmung ist also defizitär (Julien et al. 2005). Wahrscheinlich könnte es den an Myofibromyalgie erkrankten »psychosomatischen« Schmerzpatienten helfen, wenn sie – etwa im Rahmen einer Psychoedukation – über solche somatopsychischen Zusammenhänge aufgeklärt würden.

Endorphine und die Wirkung von Placebos

Die bei Glücksgefühlen freigesetzten Endorphine hemmen den Schmerz, wie wir gesehen haben, und sie sind sogar an der schmerzlindernden Wirkung

Übersichten

von Placebo-Pillen beteiligt. Werden diese Scheinmedikamente bei Schmerzen mit der Bemerkung verabreicht, »diese Pillen nehmen Ihnen bestimmt den Schmerz«, so erfahren 30 bis 50 Prozent der Patienten und Patientinnen eine Schmerzlinderung, sofern sie glauben, die verabreichte Tablette sei ein wirksames Schmerzmittel. Bei diesen Personen wird im Großhirn (genau gesagt: im Nucleus accumbens) nach der Verabreichung des Placebos von den Nervenendigungen bestimmter Projektionsneurone des Mittelhirns der motivierende Neuromodulator Dopamin ausgeschüttet, worauf dann im Nucleus accumbens und im Präfrontalhirn Endorphine freigesetzt werden (Scott et al. 2007, Wager et al. 2007). Umgekehrt bewirkt ein Nocebo (eine Substanz wie z. B. Amalgam, die als schädigend interpretiert wird) eine Verminderung des Dopamin- und Opioidgehaltes im Nucleus accumbens (Scott et al. 2008) – übrigens genauso wie eine depressive Gemütslage (Leknes u. Tracey 2008).

Infolge der Freisetzung von Endorphinen im Präfrontalhirn, bewirkt durch das Placebo, wird die durch Schmerzreize induzierte Hyperaktivität der emotionalen »Schmerzzentren« im Limbischen System reduziert, insbesondere im vorderen Teil der Gürtelwindung (Gyrus cinguli anterior). Damit lässt auch der Schmerz nach. Zu diesen Schlussfolgerungen führten insbesondere Untersuchungen von Versuchspersonen, deren Hirn im Kernspintomografen funktionell gescannt wurde, während die Haut am Unterarm mit Laserstrahlen schmerzhaft erhitzt wurde (Wager et al. 2004).

Für den schmerzlindernden Effekt des Placebos ist aber die tatsächliche Applikation des Scheinmedikaments gar nicht erforderlich, es genügt das gesprochene Wort. Sagt nämlich der Versuchsleiter mit Überzeugung, der applizierte Laserreiz sei nur schwach und täte überhaupt nicht weh, so empfindet der mit dem Laser Behandelte auch keinen Schmerz. In diesem Falle ist auch das emotionale »Schmerzzentrum« im anterioren Gyrus cinguli (und in der Insula) weniger aktiv und weniger durchblutet (Koyama et al. 2005). Entscheidend bei solchen Versuchen ist offenbar, dass der Proband dem Versuchsleiter vertraut, also seinen Worten glaubt und deshalb auch keinen Schmerzreiz erwartet.

Anscheinend kann der Glaube an eine Schmerzlinderung nicht nur den im Körper lokalisierten Schmerz hemmen, sondern auch den Stoffwechsel, die Durchblutung sowie die neuronale Aktivität der Hirnrinde. Damit wird auch verständlich, wie positives Denken und positive Erwartungen – und die durch das gesprochene Wort des guten Therapeuten vermittelte Zuversicht und Hoffnung – die Leiden einer chronischen schmerzhaften Erkrankung lindern können (vgl. Rüegg 2007a, 2008).

Schlussfolgerungen und Ausblick

Wie wir gesehen haben, entstehen chronische Schmerzen (als negativer Affekt) in der Schmerzmatrix des Gehirns. Depressive Störungen verstärken die Schmerzempfindlichkeit der Schmerzmatrix im Limbischen System und damit den Schmerz. Die mit – oftmals deprimierenden – Schmerzen korrelierende neuronale Aktivität im Limbischen System kann nicht nur mit Schmerzmitteln, sondern auch durch eine »Sprechende Medizin« reduziert werden – insbesondere durch Ablenkung, aber auch durch psychoedukative Interventionen. Nicht selten fühlen sich die an somatoformen Schmerzen leidenden Patienten und Patientinnen missverstanden oder sogar stigmatisiert, wenn sie erfahren müssen, sie hätten keinen organischen Befund und ihr Leiden sei seelisch bedingt. Sehr verständlich ist deshalb ihr Anspruch, eine angemessene somatisch-medizinische Erklärung für die Schmerzen zu erhalten. Schmerztherapeuten könnten zum Beispiel – im Sinne einer Psychoedukation – erläutern, dass nicht nur organisch begründbare Beschwerden, sondern auch psychosomatische Schmerzen (z.B. die Fibromyalgie) eine somatische, biologisch fassbare Ursache haben, beispielsweise in Form einer enorm erhöhten Schmerzempfindlichkeit der »Schmerzmatrix« im Gehirn bzw. eine verminderte endogene Schmerzhemmung durch Endorphine und andere Opioide.

Literatur

Adler RH (1996) Schmerz. In: Adler RH, Herrmann JM, Köhle K, Schonecke OE, Uexküll T v, Wesiack W (Hg) Psychosomatische Medizin. 5. Aufl. München, Wien, Baltimore (Urban & Schwarzenberg) 262–276.

Casey KL (1999) Forebrain mechanisms of nociception and pain: analysis through imaging. Proc Natl Acad Sci USA 96: 7668–7674.

Coghill RC, McHaffie JG, Yen YF (2003) Neural correlates of interindividual differences in the subjective experience of pain. Proc Natl Acad Sci USA 100: 8538–8542.

Cook DB, Lange G, Ciccone DS, Liu WC, Steffener J, Natelson BH (2004) Functional imaging of pain in patients with primary fibromyalgia. Rheumatology 31: 364–378.

Eisenberger NI, Lieberman MD (2004) Why rejection hurts: a common neural alarm system for physical and social pain. Trends Cognitive Science 8: 294–300.

Goldberg RT, Goldstein R (2000) A comparison of chronic pain patients and controls on traumatic events in childhood. Disabil Rehabil 22: 756–763.

Harris R E, Clauw D J, Scott D J., McLean SA, Gracely RH, Zubieta, J. K (2007). Decreased central µ-opioid receptor availability in fibromyalgia. The Journal of Neuroscience. 27: 10000–10006.

Hartvigsen J, Christensen K, Frederiksen H (2003) Back pain remains a common symptom in old age. a population-based study of 4486 Danish twins aged 70–102. Eur Spine J 12: 528–534.

Übersichten

Heinl H, Heinl P (2004) Körperschmerz – Seelenschmerz. Die Psychosomatik des Bewegungssystems. Ein Leitfaden. München (Kösel-Verlag).

Julien N, Goffaux P, Arsenault P, Marchand S (2005) Widespread pain in fibromyalgia is related to a deficit of endogenous pain inhibition. Pain 114: 295–302.

Koyama T, McHaffie JG, Laurienti PJ, Coghill RC (2005) The subjective experience of pain: where expectations become reality. Proc Natl Acad Sci USA 102: 12950–12955.

Leknes S, Tracey I (2008) A common neurobiology for pain and pleasure. Nature Reviews Neuroscience. 9: 314–320.

Nakamura Y, Paur R, Zimmermann R, Bromm B (2002) Attentional modulation of human pain processing in the secondary somatosensory cortex: a magnetoencephalographic study. Neurosci Lett 328: 29–32.

Rainville P, Duncan GH, Price DD, Carrier B, Bushnell MC (1997). Pain affect encoded in human anterior cingulate but not somatosensory cortex. Science 277: 968–971.

Rüegg JC (2007a) Gehirn, Psyche und Körper. Neurobiologie von Psychosomatik und Psychotherapie. 4. Auflage, Stuttgart (Schattauer) 46–49.

Rüegg JC (2007 b) Neurobiologische Aspekte der kognitiven Beeinflussung von somatoformen Schmerzen im Alter. Psychotherapie im Alter 4(2): 25–34.

Rüegg JC (2008) Hirnphysiologische Aspekte psychosomatischer Schmerzen. In: R. Jenny & Y. Traber (Hg). Wo beginnt Heilung? Kritische Ansätze in der Therapie somatoformer Störungen. Berlin (Weissensee) 25.

Schneider C, Palomba D, Flor H (2004) Pavlovian conditioning of muscular responses in chronic pain patients: central and peripheral correlates. Pain 112: 239–247.

Scott DJ, Stohler CS, Egnatuk CM, Wang H, Koeppe RA, Zubieta JK (2007) Individual differences in reward responding explain placebo-induced expectations and effects. Neuron 55: 325–536.

Scott DJ, Stohler CS, Egnatuk CM, Wang H, Koeppe RA, Zubieta JK (2008). Placebo and nocebo effects are defined by opposite opioid and dopaminergic responses. Arch Gen Psychiatry. 65(2): 220–231.

Thieme K, Turk DC, Flor H (2004) Comorbid depression and anxiety in fibromyalgia syndrome: relationship to somatic and psychosocial variables. Psychosom Med. 66: 837–844.

Valet M, Sprenger T, Boecker H, Willoch F, Rummeny E, Conrad B, Erhard P, Tolle TR (2004) Distraction modulates connectivity of the cingulo-frontal cortex and the midbrain during pain – an fMRI analysis. Pain 109: 399–408.

Wager TD, Rilling JK, Smith EE, Sokolik A, Casey KL, Davidson RJ, Kosslyn SM, Rose RM, Cohen JD (2004) Placebo-induced changes in FMRI in the anticipation and experience of pain. Science 303: 1162–1167.

Wager TD, Scott DJ, Zubieta JK (2007) Placebo effects on human {micro}-opioid activity during pain. Proc Natl Acad Sci USA 104: 11056–11061.

Korrespondenzadresse:
Prof. em. Dr. med. J. C. Rüegg
Haagackerweg 10
D–69493 Hirschberg
E-Mail: *Caspar.Rueegg@urz.uni-heidelberg.de*

Grundzüge der allgemeinen Schmerztherapie und das therapeutische Vorgehen bei Patienten im höheren Lebensalter

Johannes Kipp (Kassel)

Zusammenfassung

Nach einer Definition und Klassifikation von Schmerzen wird hier das diagnostische und therapeutische Vorgehen von schmerztherapeutischen Spezialisten in den Grundzügen beschrieben. Während der akute Schmerz noch die Bedeutung eines Warnsignals hat, werden chronische Schmerzen selbst zur Krankheit. Die Behandlung chronischer Schmerzen kann nicht auf medikamentöse Maßnahmen reduziert werden. Diese Darstellung soll Therapeuten und Beratern helfen, die Bedeutung von spezialisierten schmerztherapeutischen Maßnahmen einzuschätzen und ihre Position bei der Behandlung von schmerzgeplagten Menschen zu bestimmen. Die Schmerztherapie muss bei älteren Menschen nur wenig modifiziert werden.

Stichworte: medikamentöse Schmerztherapie, Alter, multimodale Schmerztherapie

Abstract: Basics of general pain therapy and its modification for elderly patients

Starting with a definition and classification of pain, a diagnostic and therapeutic approach of specialists in the field of pain therapeutics will be described with the main features. While acute pain also has the meaning of a warning sign, chronic pain itself becomes a disease. The treatment of chronic pain cannot be reduced to medicinal therapy. This depiction is supposed to help therapists and counsellors to estimate the meaning of specialized pain therapeutic measures and to define their position in the treatment of anguished people. Pain therapy only needs sparse modification for senior people.

Key words: medicinal pain therapy, age, multimodal pain therapy

Übersichten

Schmerz: Definitionen und Diagnostik

Schmerzen liegen bei vielen körperlichen Krankheiten, aber auch bei psychischen Störungen vor. Ziel dieser kurzen Übersicht ist es, die diagnostischen und therapeutischen Grundprinzipien der Schmerztherapie in verständlicher Form Psychotherapeuten und Beratern zu vermitteln, die mit alten Menschen zu tun haben. Dabei gilt es, wissenschaftlich begründete Vorgehensweisen von therapeutischen Maßnahmen zu unterscheiden, die suggestiv auf eine Placebowirkung abzielen. Wichtig ist es, dass Schmerztherapeuten, die meist Fachärzte für Anästhesie sind, und Psychotherapeuten bei der Behandlung von chronischen Schmerzpatienten gerade auch bei älteren Patienten zusammenarbeiten.

Die Beschreibung der diagnostischen und therapeutischen Vorgehensweisen orientiert sich an dem Buch von Huber und Winter (2006).

Schmerzen: Einteilung

Schmerz ist ein unangenehmes Sinnes- oder Gefühlserlebnis, das einerseits mit einer aktuellen oder potenziellen Gewebeschädigung einhergeht oder andererseits mit Begriffen einer solchen Schädigung beschrieben wird. Schmerzen treten also auch auf, wenn keine Gewebeschädigung eingetreten ist. Um Schmerzen zu beschreiben, ist es sinnvoll, Entstehungsort, Entstehungsursache, Schmerzcharakter, Schmerzintensität und Einflussfaktoren zu beschreiben.

Schmerzen kommen durch drei unterschiedliche Vorgänge zustande:
1. Der *Nozizeptorschmerz* ist auf eine (potenzielle) Gewebeschädigung zurückzuführen, wobei der Schmerzcharakter bei tiefen Schmerzen in Muskeln, Knochen und Gelenken anders, d. h. dumpfer und länger, wahrgenommen wird als bei oberflächlichen in Haut und Schleimhäuten oder in den Eingeweiden (viszeral).
2. *Neuropathische Schmerzen* kommen durch eine Schädigung peripherer Nerven oder des zentralen Nervensystems (in Rückenmark oder Gehirn) zustande.
3. Schmerzen, die durch *psychische Mechanismen* (mit-)bedingt sind. Aus psychodynamischer Sicht kommen diese Schmerzen durch ungelöste Konflikte und Verlusterlebnisse zustande, während sie verhaltensmedizinisch auf ein operantes Lernen und eine falsche Stressverarbeitung zurückgeführt werden.

Körperliche und psychische Entstehung schließen sich wechselseitig nicht aus, beide Entstehungsweisen können das individuelle Schmerzerleben determinieren. Auch bei körperlich begründbaren Schmerzen hängt die Schmerzintensität nicht direkt von der Stärke der Schädigung ab. Es gibt im zentralen Nervensystem sensibilisierende bzw. desensibilisierende Mechanismen, die die Schmerzwahrnehmung beeinflussen. Beispielsweise ist es bei der Durchführung einer perioperativen Schmerztherapie deshalb sinnvoll, ausreichend Schmerzmittel zu verabreichen, um eine Sensibilisierung zu verhindern und so die postoperativen Schmerzen zu reduzieren.

Eine klare Unterscheidung zwischen peripher und zentral entstehenden Schmerzen ist wissenschaftlich nicht möglich. Während akute Schmerzen häufig peripher durch Gewebeschäden und durch Beeinträchtigung von Nozizeptoren (also Rezeptoren für die Wahrnehmung der Schädigung) oder durch Schädigung von Nerven (neuropathischer Schmerz) zustande kommen, sind chronische Schmerzen meist nur aus dem Zusammenspiel von peripheren und zentralen (auch psychischen) Mechanismen zu verstehen.

Klassifikation von Schmerzen

Die diagnostische Klassifikation von Schmerzen ist nach ICD-10 unbefriedigend. Schmerzen sind Symptome zahlreicher Krankheiten und werden nur, wenn psychische Einflussfaktoren vorhanden sind, als eigenständige Störung verschlüsselt. Unter F45.4 wird die *anhaltend somatoforme Schmerzstörung* kodiert, eine Störung, die mit andauernden schweren und quälenden Schmerzen einhergeht und bei der die Schmerzen nicht vollständig durch eine körperliche Störung erklärt werden können. Der Schmerz tritt hier vielmehr in Verbindung mit emotionalen Konflikten und psychosozialen Problemen auf.

Unter F54 können *psychologische Faktoren/Verhaltensfaktoren bei andernorts klassifizierbaren Krankheiten*, also auch Schmerzen bei körperlichen Erkrankungen, bei denen psychische Einflüsse erkennbar sind, zusätzlich kodiert werden.

Unter F62.8 wird die *andauernde Persönlichkeitsänderung bei chronischem Schmerzsyndrom* eingeordnet, d.h., hier geht es nicht um die Schmerzen selbst, sondern um deren psychische Folgen. Diese Diagnose soll nur bei konstanten, nahezu irreversiblen und schwerwiegenden Auffälligkeiten im Denken, Fühlen und Verhalten und in Bezug auf das Leistungsvermögen einer zuvor psychisch gesunden Person als Folge einer schweren chronischen Schmerzerkrankung gestellt werden.

Jedoch können Schmerzen nach ICD-10 auch als Symptom kodiert werden und zwar unter den Allgemeinsymptomen als R52 – *Schmerz, nicht andernorts klassifiziert*, wobei noch eine Differenzierung in einen *akuten Schmerz* R52.0 und in einen *chronischen unbeeinflussbaren Schmerz* R52.1 möglich ist.

Weiterhin ist die Zuordnung von Schmerzen als Symptome (nicht als Krankheiten) auch zu den einzelnen Körperbereichen möglich (z.B. R10 – *Bauch- und Beckenschmerzen* oder R30 – *Schmerzen beim Wasserlassen*).

Schmerzanamnese

Bei chronischen Schmerzen sollte eine biografische Anamnese erhoben werden. Sechs elementare schmerzbezogene Fragen gehören immer zur Schmerzanamnese:
➢ Wo tut es weh?
➢ Wann tut es weh?
➢ Wie ist der Schmerz? Wie stark ist der Schmerz? Was kann den Schmerz beeinflussen?
➢ Was tritt zusätzlich zu den Schmerzen auf?
➢ Welche Behandlung hat bisher geholfen bzw. nicht geholfen?
➢ Was bewirkt der Schmerz?

Schon die Frage, wo der Schmerz lokalisiert ist, kann bei der Klärung der Schmerzursache helfen. Bei der Einschätzung, wie stark Schmerzen sind, haben sich visuelle Analogskalen oder numerische Rangskalen bewährt. Wenn beispielsweise der stärkste Schmerz »Zehn« und kein Schmerz »Null« entspricht, so können Patienten meist recht gut angeben, wie stark der Schmerz zum Zeitpunkt der Befragung ist.

Viele Patienten sprechen so von ihren chronischen Schmerzen, als ob die Ursache absolut geklärt wäre. Sie beschreiben beispielsweise Bandscheibenvorfälle, obwohl die dazugehörigen segmentalen Ausfälle nicht (mehr) vorhanden sind. Hier ist es besonders wichtig nachzufragen, wodurch sich die Schmerzen beeinflussen (also verstärken oder abschwächen) lassen und welche Therapien bisher geholfen haben. Da chronische Schmerzen natürlich auch akut schmerzhaft sind, kann folgende Tabelle dabei helfen, genauer herauszuarbeiten, ob ein akutes oder chronisches Schmerzsyndrom vorliegt (Tab. 1).

Diagnostisches Vorgehen

Besteht nach der Anamnese der Verdacht, dass nozizeptive Schmerzen vorliegen, werden die üblichen Verfahren (Labor, Sonografie, bildgebende Verfahren) angewendet, um eine Gewebe- oder Organschädigung zu erkennen. Zur Differenzierung neuropathischer Schmerzsyndrome sind neurophysiologische

Akuter Schmerz	Chronischer Schmerz
Wird durch Verletzung oder Schädigung ausgelöst	Ist abgekoppelt von dem auslösenden Ereignis und wird zur eigenständigen Erkrankung
Intensität korreliert mit dem auslösenden Reiz	Intensität korreliert nicht (mehr) mit dem auslösenden Reiz
Lokalisation ist klar bestimmbar	Oft mehrere Organsysteme betroffen (»multilokulär«)
Warn- und Schutzfunktion	Warn- und Schutzfunktion verloren

Tabelle 1: Einteilung des Schmerzes nach der Zeitdauer (nach Huber u. Winter 2006)

Testverfahren sinnvoll, insbesondere wenn zwischen polyneuropathischen, radikulären und Nervenengpass-Syndromen differenziert werden muss.

Eine invasive Diagnostik, z. B. mit Lokalanästhetika zur Nervenblockade und mit intraartikulären Injektionen (d. h. mit Spritzen ins Gelenk), bringt selten weiter, da bei solchen Eingriffen Placeboeffekte recht häufig und die Nebenwirkungsrisiken nicht gering sind. Zur Abklärung, ob es sich nun um einen Placebo-Effekt oder eine Medikamentenwirkung handelt, ist eine weitere Differenzierung notwendig (z. B. durch Lokalanästhetika von unterschiedlicher Wirkungsdauer).

Lassen sich Schmerzen trotz intensiver Diagnostik nicht zuordnen und bestehen Schmerzen längere Zeit, so sind somatoforme Schmerzen am wahrscheinlichsten. Generell ist es so, dass akute Schmerzen meist auf eine nozizeptive Schmerzursache zurückgeführt werden können. Diagnostik und Therapie müssen entsprechend darauf ausgerichtet sein. Bei chronischen Schmerzen kommen häufig auch neuropathische oder psychogene Ursachen in Frage.

Akutschmerz

Eine ausreichende Therapie des Akutschmerzes ist notwendig, um eine Schmerzchronifizierung und eine Verstärkung des Schmerzempfindens durch die emotionale Belastung und durch die damit einhergehenden zahlreichen negativen körperlichen Reaktionen (Blutdruckanstieg, Hyperglykämie, erhöhtes Thromboserisiko etc.) zu vermeiden.

Übersichten

Die postoperative Schmerztherapie

Am Beispiel der Schmerztherapie nach Operationen soll die Denk- und Vorgehensweise von Schmerztherapeuten illustriert werden. Eine postoperative Schmerztherapie wird schon präoperativ eingeleitet. *Präoperativ* erfolgt die Aufklärung über schmerzstillende Verfahren und über die Überwachungsmethoden. Dabei sollen Patienten ermuntert werden, Aufgaben der eigenen Überwachung zu übernehmen und Schmerzen und eventuelle Nebenwirkungen von Schmerzmitteln zu äußern. *Während der Operation* geht es um eine optimale Analgesie. Soweit es möglich ist, sollte eine Regionalanästhesie zur effektiven Unterdrückung operativer Stressreaktionen durchgeführt werden. *Postoperativ* wird eine gut balancierte Analgesie angestrebt. Soweit es möglich ist, sollte die Regionalanästhesie weitergeführt werden. Maßnahmen zur Prophylaxe von Übelkeit und Erbrechen sind sinnvoll.

Die balancierte Analgesie kann mit der konventionellen Schmerztherapie erreicht werden. In der frühen postoperativen Phase werden zentral wirkende Schmerzmittel (z. B. Piritramid) in Form von intravenösen Injektionen verabreicht. Ab dem ersten postoperativen Tag können dann Analgetika durch den Mund, evtl. auch rektal mit Zäpfchen (für NSAR), gegeben werden. Die Gabe von Schmerzmitteln intramuskulär und subkutan ist zu vermeiden.

Bei neueren Vorgehensweisen wird eine patientenkontrollierte Analgesie (PCA) bevorzugt. Patienten dosieren bedarfsweise selbst die Einnahme von Schmerzmitteln. Beispielsweise kann die Schmerzmedikation ans Bett gestellt oder durch eine PCA-Pumpe, die vom Patienten bedient wird, intravenös appliziert werden. Voraussetzung dafür ist eine gute Aufklärung und die Kooperation durch den Patienten sowie eine 24-Stunden-Überwachung. Günstig in der postoperativen Zeit ist auch die Weiterführung der Regionalanästhesie durch eine Epiduralanalgesie (im Rückenmarkskanal) mit Lokalanästhetika oder Morphinabkömmlingen.

Chronische Schmerzen

Akute Schmerzen haben meist eine biologisch sinnvolle Warnfunktion, die bei chronischen Schmerzen fehlt. Während der akute Schmerz auf eine spezifische Ursache hinweist, kann man bei chronischen Schmerzen davon ausgehen, dass ein multifaktorielles Geschehen die Schmerzen aufrechterhält. Während beim akuten Schmerz meist eine kausale Therapie ausreicht, ist eine umfassende therapeutische Vorgehensweise beim chronischen Schmerz notwendig. Der chronische Schmerz wird selbst zur Krankheitsursache und führt zur Reduktion der Lebensqualität, zur Veränderung der Persönlichkeit und zur Einschränkung des Lebens.

Bei chronifizierten Schmerzen ist also in der Regel eine medikamentöse Therapie allein nicht ausreichend. Ein Gesamttherapiekonzept entsprechend einem bio-psycho-sozialen Schmerzmodell ist notwendig, in dem die medikamentöse Therapie durch:
➢ physiotherapeutische und sportmedizinische Maßnahmen,
➢ psychotherapeutische Angebote und
➢ andere, nicht medikamentöse Verfahren (TENS, Akupunktur etc.)
ergänzt wird.

Grundprinzipien der medikamentösen Schmerztherapie

Folgende Medikamentengruppen können in der Schmerztherapie eingesetzt werden:
➢ Nicht-Opoidanalgetika,
➢ Opoidanalgetika,
➢ Koanalgetika und
➢ Lokalanästhetika.

Stufe 1	Nicht-Opioidanalgetika + unterstützende Maßnahmen + Koanalgetika
Stufe 2	Schwache Opioidanalgetika + Nicht-Opioidanalgetika + unterstützende Maßnahmen + Koanalgetika
Stufe 3	Starke Opioidanalgetika + Nicht-Opioidanalgetika + unterstützende Maßnahmen + Koanalgetika

Tabelle 2: WHO-Schema der medikamentösen Schmerztherapie chronischer Schmerzen (primär für Tumorschmerzpatienten entwickelt)

Das für tumorbedingte Schmerzen entwickelte WHO-Stufen-Schema hat sich auch bei anderen chronischen Schmerzarten bewährt. Die intramuskuläre Injektion von Schmerzmitteln hat keine Vorteile (außer der Placebowirkung).

Bei chronischen Schmerzen sollten Retard-Präparate oder transdermale Präparate (Schmerzpflaster mit kontinuierlicher Abgabe des Schmerzmittels)

Übersichten

eingesetzt werden. Bei chronischen Schmerzpatienten ist eine ausschließlich bedarfsweise Gabe von Schmerzmitteln, insbesondere von schnell wirksamen Opioiden, außer in der Einstellungsphase wegen der Suchtgefährdung nicht sinnvoll. Die Wirkung der Medikamente sollte kontrolliert und bei fehlender Wirkung abgesetzt werden.

Nichtopioidanalgetika

Nicht-steroidale Antirheumatika (NSAR)
Medikamente:
➤ Acetylsalicylsäure: Wirkdauer ca. 4 Stunden,
➤ Ibuprofen: Wirkdauer 4–6 Stunden, als Retard-Tablette bis 12 Stunden,
➤ Diclofenac: Wirkdauer 4–6 Stunden.

Diese Medikamente hemmen die Prostaglandinsynthese und damit die ungünstigen Wirkungen der Prostaglandine, die die Empfindlichkeit der Nozizeptoren steigern und durch Vasodilatation mit erhöhter Gefäßpermeabilität die Entzündungszeichen (Rötung und Schwellung) hervorrufen. Die Wirkung tritt nach etwa 30 Minuten ein. Die Indikation besteht bei entzündlichen und nozizeptiven Schmerzen. Bei Magenulcus und stärkeren Nierenschädigungen dürfen sie wegen der Nebenwirkungen nicht gegeben werden. Bei einer erhöhten Blutungsneigung darf Acetysalicylsäure nicht gegeben werden.

Selektive COX-2-Inhibitoren
Medikament:
➤ Celecoxib (z. B. Celeberex): Wirkdauer 12 Stunden.

Diese hemmen ebenfalls die lokale Prostaglandinbildung.
Indikation: Entzündung und Schmerzen bei Arthrose und rheumatoider Arthritis.
Nebenwirkungen: geringere Ulcusgefahr (im Vergleich zu NSAR), ähnliche Nierennebenwirkungen, erhöhte kardiovaskuläre Erkrankungen nach längerer Einnahme (zwei Jahre, täglich).

Nicht saure antipyretische Analgetika
Medikament:
➤ Paracetamol: Wirkdauer 4 (6) Stunden.

Wirkung: Hemmung der Freisetzung von Prostaglandinen im Zentralnervensystem.

Indikationen: leichte bis mittelstarke Schmerzen, Allergie oder andere Kontraindikationen für NSAR, Fieber.
Kontraindikation: Leberschädigung, Alkoholismus.

Medikament:
➤ Metamizol (Novaminsulfon): Wirkdauer 4 Stunden.

Wirkung: Reduktion der Aktivität von spinalen Schmerzneuronen, Aktivierung schmerzhemmender Neurone, krampflösende Wirkung (in der glatten Muskulatur).
Indikationen: krampfartige Schmerzen bei Erkrankungen der Harn- und Gallenwege, postoperative Schmerzen, Tumorschmerzen.
Kontraindikationen: Blutbildungsstörungen.

Flupirtin
Medikament:
➤ Flupirtin (Katadolon): Wirkdauer 8 Stunden.

Wirkung: Verstärkung der körpereigenen Schmerzhemmung.
Indikationen: Schmerzzustände mit reflektorisch erhöhtem Muskeltonus, neuropathische Schmerzen und Arthrosen.
Kontraindikationen: schwere Lebererkrankung.

Opioidanalgetika

Opiate sind:
➤ Alkaloide aus dem Schlafmohn (z.B. Morphium, Codein, Thebain),
➤ halbsynthetisch veränderte natürliche Opiate (z.B. Hydromorphon und Oxycodon) oder
➤ vollsynthetische Stoffe wie Pethidin oder Fentanyl, die ähnlich wirken.

Um die Wirkung zu verstehen, ist es wichtig zu wissen, dass die Hypophyse endogene Opioide freisetzt und dass es (insgesamt vier verschiedene) Opiatrezeptoren im Gehirn gibt, über die eine Schmerzstillung möglich ist. Opioide sind zentral hemmende (natürliche) Neurotransmitter. Jedoch wirken Opioide auch peripher, wenn sich dort durch eine Entzündung Opiatrezeptoren ausgebildet haben.

Die Wirkung der einzelnen Präparate ist davon abhängig, wie viel von dem Wirkstoff das Gehirn erreicht. Fettlösliche Opioide können die Blut-Hirn-Schranke besser durchdringen und haben deshalb einen rascheren

Wirkungseintritt als wasserlösliche. Bei Opioiden, die als Tabletten geschluckt werden, wird meist ein großer Teil in der Leber abgebaut (First-Pass-Effect). Wenn Opioide über die Mundschleimhaut resorbiert werden, wird dieser verstärkte Abbau (First-Pass-Effekt) verhindert.

Wirkungen und Nebenwirkungen: Analgesie, Atemdepression, Euphorie, Obstipation.

Anwendung:
- *Intravenös:* Behandlung von akuten Schmerzen durch kontinuierliche Gabe oder durch kleinere Dosen jeweils in Abständen von 5 bis 10 Minuten über einen (zentralen) Venenkatheter. Wirkungseintritt: innerhalb von 5 Minuten.
- *Intramuskulär:* Nicht sinnvoll.
- *Subkutan:* Subkutane Injektionen werden in erster Linie zur Behandlung von Tumorschmerzen gegeben, wenn kein zentralvenöser Zugang vorhanden ist.
- *Transdermal mit Pflaster (Fentanyl und Buprenorphin):* Transdermal ist eine gleichmäßige Freisetzung (über 72 Stunden) möglich. Der Wirkungseintritt ist verzögert.
- *Oral:* Die Resorption aus dem Magen-Darm-Trakt erfolgt in 30 bis 60 Minuten. Starker First-Pass-Effekt. Die Wirkdauer ist 4 bis 6, bei Levomethadon 8 bis 12 Stunden. Durch Retardpräparate kann die Wirkstofffreisetzung verzögert werden.
- *Sublingual*: Durch die Mundschleimhaut kann der First-Pass-Effekt umgangen werden.
- *Rektal:* Über Zäpfchen unsichere Wirkung.
- *Rückenmarknah:* Epidurale und intraspinale Gaben von Opioiden sind in der Geburtshilfe (Sulfentanil) und zur postoperativen Schmerzbehandlung (Morphin) zugelassen.

Indikation für Opioide:
- Tumorschmerzen,
- Rückenschmerzen bei erheblichen morphologischen Veränderungen, Wurzelschmerzen oder Instabilität der Wirbelsäule,
- Schwere chronisch entzündliche und degenerative Erkrankungen wie rheumatoide Arthritis oder Morbus Bechterew sowie schmerzhafte Knochenveränderungen (Morbus Paget),
- Zentrale Schmerzen bei Erkrankung des Rückenmarks, Phantomschmerzen und Post-Zoster-Neuralgie,
- Schmerzen im Zusammenhang mit Autoimmunerkrankungen,
- chronische Pankreatitis, arterielle Durchblutungsstörungen und
- schwere neuropathische Schmerzen.

Präparate (Auswahl):
- *Codein:* schwach wirksames natürliches Opiumalkaloid,
- *Tramadol:* synthetisches Opioid, BTM-frei, Halbwertzeit 5 bis 7 Stunden,
- *Morphin:* natürliches Opiumalkaloid, hier orale Verfügbarkeit nur 30%,
- *Transdermales Fentanyl:* synthetisches Opioid, fettlöslich, Wirkungseintritt nach 6 bis 8 Stunden und Wirkungsdauer 48 bis 72 Stunden,
- *Levomethadon:* hohe orale Bioverfügbarkeit, hohe Lipophilie, Kumulationsgefahr,
- *Buprenorphin (Temgesic):* hohe Fettlöslichkeit, hoher First-Pass-Effect bei oraler Einnahme, auch als Pflaster zu verordnen, als Subutex auch zur Subsitutionstherapie zugelassen.

Koanalgetika

Diese Medikamente sind keine Analgetika im engeren Sinn, sie sollen jedoch eine schmerzlindernde Wirkung bei der Behandlung bestimmter Schmerzbilder haben, und zwar bei:
- neurophathischen Schmerzen,
- akuten muskulären Schmerzen (z.B. bei Spastik durch Muskelrelaxanzien),
- einer Opioidtherapie als Ergänzung (mit Clonidin) und bei
- akuten viszeralen Schmerzen (mit Spasmolytika).

Antidepressiva
Als Wiederaufnahmehemmer von Neurotransmittern haben Antidepressiva in niedriger Dosierung (z.B. Amitriptylin 25 mg zur Nacht) eine nachgewiesene analgetische Wirkung, insbesondere bei neuropathischen Schmerzen und bei chronischem Spannungskopfschmerz. Wegen der anticholinergen Nebenwirkungen sind diese Mittel bei älteren Menschen nur sehr vorsichtig einzusetzen. Neuerdings wird mit dieser Indikation auch Duloxetin eingesetzt, das keine wesentliche anticholinerge Nebenwirkung hat.

Antikonvulsiva (Antiepileptika)
Diese unterdrücken die gesteigerte neuronale Impulsübertragung bei neuropathischen Schmerzen. Carbamazepin und Gabapentin werden mit dieser Indikation eingesetzt.

Weitere Ko-Analgetika
Biphosphonate und Calcitonin werden bei Osteoporose, Baclofen bei Spastik, Kortikosteroide zur Entzündungshemmung und N-Butylscopolamin bei

Übersichten

krampfartigen Schmerzen der glatten Muskulatur eingesetzt. Benzodiazepine helfen bei Angstzuständen und Schlafstörungen, die durch Schmerzen hervorgerufen werden.

Lokalanästhetika

Sie hemmen den raschen Natriumeinstrom in die Nervenzelle und dadurch die Ausbildung von Aktionspotenzialen. Beispielsweise kann durch Injektion von Lokalanästhetika der Plexus brachialis blockiert und damit das Schmerzempfinden in der Schulter, im Oberarm und im Unterarm ausgeschaltet werden.
Indikationen:
➢ diagnostische Nervenblockade,
➢ periphere Nervenblockade,
➢ zentrale Nervenblockade,
➢ Sympathikusblockade.

Rückenmarknahe Blockaden mit Lokalanästhetika:
Periduralanästhesie: reversible Blockade der Spinalnervenwurzeln durch epidurale Lokalanästhetika als postoperative Schmerztherapie und bei Ischämieschmerz (also Schmerz bei zu geringer Muskeldurchblutung), sympathisch unterhaltenen Schmerzzuständen, akutem Herpes Zoster und akuten radikulären Schmerzsyndromen.
Eine solche Schmerztherapie ist nur bei Spezialisten sinnvoll. Intensivmedizinische Maßnahmen müssen rund um die Uhr zur Verfügung stehen!

Nicht-medikamentöse Schmerztherapieverfahren

Transkutane elektrische Nervenstimulation (TENS)
Durch elektrische Nervenstimulation werden Hautareale gereizt mit dem Ziel, eine Hemmung der Schmerzwahrnehmung zu erreichen. TENS ist nebenwirkungsarm und wirksam bei Schmerzen des Bewegungsapparates, bei neuropathischen Schmerzen und bei Spannungskopfschmerz.

Akupunktur
Es gibt zahlreiche Formen der Akupunktur, die bei vielen Menschen schmerzreduzierend wirksam sein können. Die Behandlung geht mit einer intensiven zwischenmenschlichen Zuwendung einher, was möglicherweise für die Wirkung mit ausschlaggebend ist.

Psychologische bzw. psychotherapeutische Verfahren
Auf diese wichtigen Verfahren wie Psychoedukation, Entspannungsverfahren, imaginative und hypnotherapeutische Techniken, Stress- und Schmerzbewältigungstraining, Biofeedback und Psychotherapie im engeren Sinne mit tiefenpsychologischen und verhaltenstherapeutischen Ansätzen soll hier nicht näher eingegangen werden.

Besonderheiten bei der Schmerztherapie im Alter

Über die Hälfte alter Menschen leiden an chronischen Schmerzen, insbesondere im Bereich des Bewegungsapparates, jedoch kommen auch neuropathische Schmerzen und Tumorschmerzen häufig vor. Ältere Menschen neigen dazu, ihre Schmerzen zu bagatellisieren. Hinsichtlich der Schmerzwahrnehmung sei auf die anderen Artikel in diesem Themenheft verwiesen.

Medikamentöse Therapie im Alter
Motto: *start low, go slow!* Zu Beginn der medikamentösen Schmerztherapie bei älteren Menschen sollte mit einer niedrigeren Dosierung angefangen werden, die primär bei 30 bis 50% der Normaldosis liegt. Dann erst soll diese langsam gesteigert werden, bis die erwünschten Effekte erreicht sind und noch keine starken Nebenwirkungen auftreten. Eine engmaschige Kontrolle und die Reduktion einer vielleicht bestehenden Polymedikation sind notwendig, um einschneidende Nebenwirkungen und Interaktionen der Medikamente zu verhindern.

Bei älteren Menschen ist die Rate der unerwünschten Arzneimittelwirkungen erhöht, da sich die Pharmakokinetik verändert, durch:
➤ die Abnahme der Plasmaproteine, was zu einem erhöhten Anteil an freiem Wirkstoff führt,
➤ den verringerten Gesamtkörperwassergehalt und das dadurch verringerte Verteilungsvolumen,
➤ die Tendenz zur Kumulation bei reduzierter Nierenfunktion und
➤ die höhere Empfindlichkeit des zentralen Nervensystems gegenüber Opioiden.

Fazit

Ältere Menschen klagen auch in Psychotherapien häufig über Schmerzen und nehmen oft zahlreiche Medikamente dagegen ein. Es ist dann unklar, ob diese Schmerzmittel grundsätzlich bei diesen Schmerzen wirksam und nur nicht ausreichend dosiert sind oder ob sie nur mit der Hoffnung eingenommen werden, dass eine Wirkung eintritt. Es gibt zwar – ähnlich wie in der Psychopharmakologie – klare, wissenschaftlich fundierte Indikationen für den Einsatz von Schmerzmitteln. Tritt der erwartete Effekt aber nicht oder nur in einem geringen Maße ein, dann fehlen Kriterien, wie und wann das Schmerzmittel wieder abgesetzt werden sollte.

Zahlreiche Patienten, die wegen Schmerzen in eine psychosomatische Klinik aufgenommen werden, weil die schmerzlindernde Medikation nicht wesentlich zur Besserung beigetragen hatte, wehren sich trotzdem oft vehement gegen jedes Reduzieren oder Absetzen. So kann um die medikamentöse Therapie ein Glaubenskampf entstehen. Aus psychosomatischer Sicht sollten Schmerztherapeuten deshalb von vornherein mit Patienten vereinbaren, dass Schmerzmittel auch wieder abgesetzt werden, wenn nicht nach einer festzulegenden individuellen Therapiezeit das subjektive Ziel der Schmerzlinderung erreicht wurde.

Insgesamt liegen die Probleme einer inadäquaten Schmerztherapie also nicht nur bei den Schmerzpatienten, sondern auch bei den behandelnden Ärzten, die z. B. auch insbesondere bei unklaren Schmerzzuständen nicht selten zur Schmerzspritze greifen, eine intramuskuläre Injektion mit einem Schmerzmittel durchführen und dabei die Placebowirkung des invasiven Vorgehens nutzen wollen. Intramuskuläre Injektionen sind aber, so auch die spezialisierten Schmerztherapeuten, in einer wissenschaftlich fundierten Therapie nicht angezeigt.

In der ganzen Diskussion über Schmerzen im Alter werden somatoforme Schmerzstörungen kaum berücksichtigt, obwohl bei Älteren die psychogene Schmerzverstärkung oft äußerst offensichtlich ist. Bei somatoformen Schmerzen und Beschwerden helfen Schmerzmittel nicht wirklich. Opioide können jedoch – wie in anderen Lebensaltern auch – Sucht und Abhängigkeit erzeugen, die dazu führen, dass ein Absetzen mit körperlichen und psychischen Entzugssymptomen einhergeht. Negative Absetzreaktionen können also auch auf Entzugserscheinungen zurückgehen, sie sind nicht immer auf den Wegfall der Schmerzstillung zurückzuführen.

Schmerztherapie, insbesondere bei chronischen Schmerzen, ist auch im Alter nur als multiprofessionelle und multimodale Therapie sinnvoll. Schmerztherapeuten sollten deshalb eng mit Psychotherapeuten zusammenarbeiten. Umgekehrt ist es auch wichtig, dass Psychotherapeuten und Berater die Grundsätze des schmerztherapeutischen Vorgehens mit Medikamenten verstehen und auf diese Weise besser mit Schmerzspezialisten zusammenarbeiten können.

Literatur

Huber H, Winter E (2006) Checkliste Schmerztherapie. Stuttgart New York (Thieme).
Zenz M, Strumpf M, Willweber-Strumpf A (2004) Taschenbuch der Schmerztherapie. Stuttgart (Wissenschaftliche Verlagsges.).

Korrespondenzadresse:
Dr. Johannes Kipp
Klinik für Psychosomatische Medizin und Psychotherapie
Klinikum Kassel
Mönchebergstr. 41–43
34125 Kassel
E-Mail: *johanneskipp@t-online.de*

Stefanie Wagner
Manfred Beutel
Sönke Paulsen
Franz Bleichner
Rudolf J. Knickenberg

Verwirrt, verpasst, vergessen, verlegt – Behandlungsmanual für beginnende kognitive Störungen

Kognitives Training in der Rehabilitation KTR

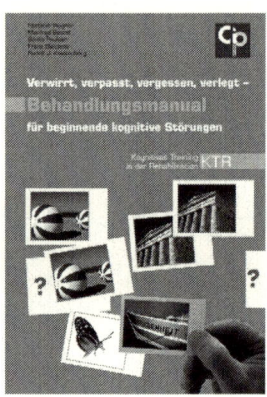

Durch die Alterung der Gesellschaft wird die Anzahl von Personen mit pathologischen kognitiven Altersveränderungen, die mit Gedächtnisstörungen einhergehen, wie leichte kognitive Beeinträchtigungen stetig zunehmen. Viele ältere Arbeitnehmer sind nicht in der Lage, die beruflichen Anforderungen erfolgreich zu meistern. Ziele des Trainings sind, die kognitiven, affektiven und verhaltensbezogenen Bedingungen kognitiver Leistungseinbußen zu analysieren und die alltagsrelevanten kognitiven Funktionen der Patienten gezielt zu trainieren. Besonderer Wert wird dabei auf die Bewältigung von Anforderungen im beruflichen und sozialen Alltag und die Motivierung zu selbstgesteuertem Lernen gelegt.

Bibl. Nr. 19662 | 45 Seiten | € 10,90

www.CIP-Medien.com
Nymphenburger Str. 185
80634 München
Tel. 089-130793 21
Fax 089-132 133
cipmedien@aol.com

Klinische Aspekte der Schmerztherapie im Alter[1]

Felix Müller (Münsterlingen)

Zusammenfassung

Chronischer Schmerz ist ein vielschichtiges bio-psycho-soziales Problem. Dies gilt im Besonderen für Schmerzen bei älteren Menschen. Diese unterliegen vermehrt schmerzhaften Krankheiten, deren Ursachen oft nicht ausreichend bekämpft oder die nur unvollständig behandelt werden können. Ältere Menschen sind auch häufig besonderen psychosozialen Belastungen, Frustrationen und Ängsten ausgesetzt, die eine Chronifizierung von Schmerzen begünstigen. Nach der Beschreibung aktueller Vorstellungen zur Entstehung chronischer Schmerzen geht es um die Vermittlung klinisch brauchbarer und anschaulicher Konzepte. Dann werden häufige schmerzhafte Krankheiten im Alter beschrieben und vor allem die Störungen aufgeführt, welche erfahrungsgemäß ungenügend beachtet werden. Zum Abschluss werden dann die biologischen und psychosozialen Vorbedingungen für eine erfolgreiche Therapie chronischer Schmerzen genannt.

Stichworte: Chronischer Schmerz, Schmerz im Alter

Abstract: Clinical aspects of pain therapy in the elderly

Chronic pain is a complex bio-psycho-social phenomenon. This is particularly true for pain in the elderly. On the one hand, the elderly suffer more painful illnesses, whose origins can often not be eliminated or only partially treated. On the other hand, they are often exposed to psychosocial stress, frustrations and fears, which favors the chronic experience of pain. In the first part, the current impression of the origin of chronic pain is reported. It was more important to convey clinically useful and visible concepts rather than exact scientific proof. In the second part, frequently painful diseases of old age are listed and especially those are pointed out which conventionally are not given enough consideration. The third part lists the biological and psychosocial preconditions for a successful therapy of chronic pain.

---

1 Der Text beruht auf dem Workshop »Chronische Schmerzen im Alter: Was schmerzt? Besserungsfähig oder hoffnungslos?«, 6. Münsterlinger Symposium zur Alterspsychotherapie am 29./30. August 2008.

Fallzentrierte Arbeiten

Key words: chronic pain, persistent pain, old age

Entstehung chronischer Schmerzen

Schmerz hat die Funktion, uns vor Verletzungen zu warnen und zu schützen. Er ist ein »unangenehmes Sinnes- und Gefühlserlebnis, das mit aktueller oder potenzieller Gewebeschädigung verknüpft ist oder mit Begriffen einer solchen Schädigung beschrieben wird« (International Association for the Study of Pain 1986).

Die Aufdringlichkeit oder Heftigkeit einer Schmerzwahrnehmung unterliegt einer Art »Lautstärkenregulation«. Es ist eine alltägliche Erfahrung, die auch mit funktionell bildgebenden Methoden gezeigt werden konnte, dass gleichstarke Schmerzreize von verschiedenen gesunden Individuen unterschiedlich empfunden werden (Coghill et al. 2003). Die Stärke der Schmerzempfindung korreliert mit der Stoffwechselintensität, die sich im Gehirn (im somatosensorischen, anterioren cingulären und im präfrontalen Kortex) nachweisen lassen.

Die »Lautstärke« der Schmerzempfindung ist nicht nur interindividuell verschieden. Sie wird auch durch viele Faktoren moduliert. In zahlreichen Experimenten konnte gezeigt werden, dass ungünstige Erwartungen, verstärkte Aufmerksamkeit oder das Gefühl, den Schmerzreiz nicht kontrollieren zu können, den Schmerz verstärken, während z. B. nach Placeboeinnahme, Yoga oder durch die Erwartung eines harmlosen Schmerzreizes die Empfindung für denselben Reiz nach unten reguliert wird. Die Heftigkeit, mit der ein Schmerzreiz empfunden wird, hängt also vom aktuellen Kontext, vom Erkennen der Situation und der Erwartung und auch von früheren Erfahrungen im Umgang mit Schmerz ab.

Aufgrund dieser Faktoren konstruiert das Gehirn eine Empfindung, bei welcher Schmerzwahrnehmung und Reizstärke nicht übereinzustimmen brauchen. Als wahrgenommene Empfindung kann der Schmerz im Prinzip gleichen Täuschungen unterliegen wie z. B. die visuelle Wahrnehmung. Optische Täuschungen, Illusionen und Vexierbilder demonstrieren eindrücklich, wie gleiche oder ähnliche Objekte je nach Kontext, Erfahrung oder Erwartung unterschiedlich wahrgenommen werden. Wie bei der visuellen Wahrnehmung kann im Allgemeinen angenommen werden, dass die Schmerzwahrnehmung um so adäquater ist, je mehr zusätzliche Informationen dem Gehirn im Zusammenhang mit dem Schmerzreiz zur Verfügung stehen und je weniger widersprüchlich oder bedrohlich der Kontext ist.

Schmerz wird auch als eine homöostatische Emotion verstanden, welche das Erleben und Verhalten so modifiziert, dass eine Problemlösung erreicht werden kann (Craig 2003). Interessanterweise sind bei starken Schmerzen

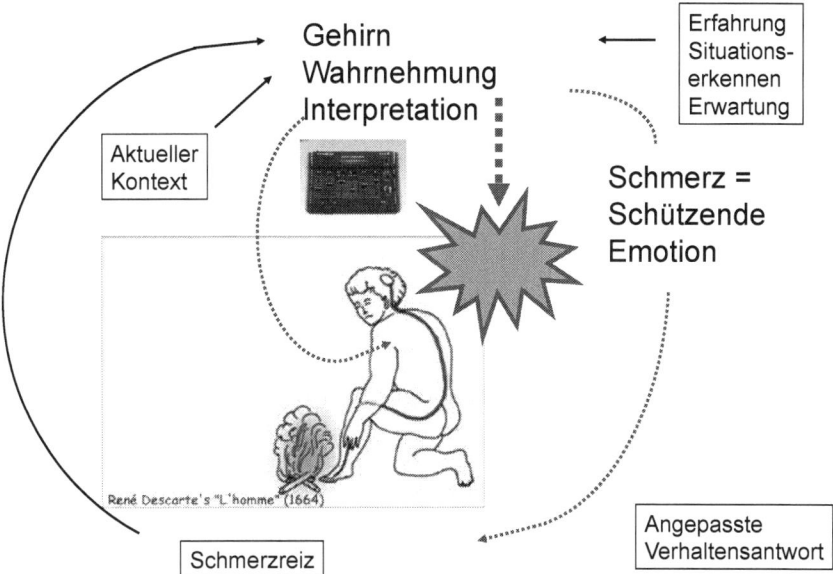

Abbildung 1: Schmerzwahrnehmung – Schmerzreize werden in sehr komplexer Weise verarbeitet, bevor es zu einer Schmerzempfindung kommt. Die »Lautstärke« der Schmerzempfindung hängt vom Kontext und von anderen Faktoren ab und korreliert nicht direkt mit der Intensität des schmerzauslösenden Reizes.

ähnliche, dem limbischen System zugeordnete Hirnanteile aktiv wie in Situationen, wenn sich jemand sozial ausgeschlossen fühlt (also sozialen Schmerz empfindet) oder mit jemand anderem, der Schmerzen hat, mitfühlt oder wenn ein Spinnenphobiker mit einer Spinne konfrontiert wird (Singer et al. 2004, Eisenberger et al. 2003, Straube et al. 2006).

Schmerzen entstehen nicht nur, wenn ein Gewebetrauma vorliegt (nozizeptiver Schmerz), sie können auch empfunden werden, wenn das Schmerzsystem selber im peripheren oder zentralen Nervensystem gestört ist und die Schmerzwahrnehmung dadurch beeinträchtigt wird (neuropathischer Schmerz).

Chronischer Schmerz

Schmerz als Warnsymptom entsteht durch mechanische, thermische oder chemische Aktivierung oder indirekte Sensibilisierung von Nozizeptoren. Er beginnt mit dem Reiz und kann über Stunden, Tage oder selten Wochen bis zur Heilung der schmerzauslösenden Ursache anhalten. Dauert ein Schmerz über die übliche Heilungsphase hinaus an, verliert er seine physiologische Bedeutung. Nach einer Dauer von drei oder, je nach Definition, sechs Monaten, spricht man von einem chronischen oder persistierenden Schmerz. Er kann dann im Sinne einer eigenständigen Krankheit schädigend werden und auch bezogen auf die ursprüngliche Ursache unangemessen oder unerklärlich erscheinen (vgl. Schelosky u. Müller 2007). Oft nimmt der Schmerz dann eine zentrale Bedeutung im Leben des Patienten ein und führt zu gravierenden Einschränkungen der Lebensqualität, zu einer Reduktion der Leistungsfähigkeit und zu psychischen Schwierigkeiten. Viele Patienten mit chronischen Schmerzen haben zahlreiche erfolglose Therapieversuche hinter sich und sind enttäuscht und gekränkt, dass man »nichts« gefunden oder ihnen gar »psychische Probleme« unterstellt habe. In dieser Situation werden emotionale, psychische, soziale und ökonomische Faktoren zunehmend bedeutsam und unterhalten einen Circulus vitiosus.

Entstehungsmechanismen

Ein chronischer Schmerz ist ein erlernter unerwünschter Daueralarm, welcher für den Patienten eine anhaltende Schmerzempfindung bedeutet. Er geht mit messbaren Veränderungen im Gehirn unter anderem im somatosensorischen Kortex einher (Flor et al. 1997).

Die Entstehung chronischer Schmerzen wird durch viele Faktoren begünstigt. Solche Faktoren sind schon zu Beginn unerfüllbare Erwartungen an den Arztbesuch, Enttäuschung über die Behandlung, unbefriedigende Erklärungen, eine ungenügende Therapie der akuten Schmerzen und ungünstige Annahmen über die Prognose der schmerzhaften Erkrankung. Daneben sind lebensgeschichtliche Faktoren wichtig. Wie zum Beispiel belastende Ereignisse erlebt und bewältigt werden oder wie Unangenehmes wahrgenommen und ins Leben integriert wird, hat Einfluss auf das Schmerzerleben. Schließlich spielt auch die Veranlagung eine Rolle. Es konnte durch bildgebende Untersuchungen gezeigt werden, dass Patienten mit chronischen Schmerzen neue Schmerzen »rascher lernen« (d. h. sie sind leichter operant konditionierbar) und dass sie eine niedrigere Schmerzschwelle und eine höhere Schmerzempfindlichkeit als »schmerzunbegabte« Menschen haben (Flor et al. 2002, Giesecke et al 2004). Chronische Schmerzen führen zu einer zunehmenden Beeinträchtigung mit der Vermeidung von Alltagsaktivitäten und von sozialen Kontakten. Die dadurch bedingte Dekonditionierung verstärkt wiederum die Schmerzen.

Schmerzhafte Krankheiten im Alter

Rückenschmerzen sind bei alten Menschen häufig. Sie können durch die meist nachweisbaren degenerativen Wirbelsäulenveränderungen oft nicht befriedigend erklärt und dann auch durch operative Maßnahmen nicht gebessert werden. Wenn Schmerzen ins Bein ausstrahlen, weist dies auf eine Kompression der austretenden Nervenwurzeln hin und bedarf einer weiteren Abklärung. Treten Beinschmerzen vorwiegend beim Gehen auf und zwingen zum Hinsetzen, sind sie oft Ausdruck einer radikulären Claudicatio. Patienten mit dieser Art von Gehstörung können problemlos Fahrrad fahren, während Patienten mit gefäßbedingter Claudicatio zur Schmerzlinderung lediglich stehenbleiben müssen (»Schaufensterkrankheit«) und beim Gehen oder Fahrradfahren gleichermaßen Schmerzen bekommen. Die radikuläre Claudicatio ist die Folge einer Nervenwurzelkompression am Foramen oder Recessus lateralis des entsprechenden Wirbelsäulensegmentes und kann auch bei alten Menschen mittels einer CT-gesteuerten periradikulären Therapie oder gelegentlich auch durch eine relativ kleine Operation behandelt werden. Rückenschmerzen müssen auch an eine Osteoporose, gegebenenfalls sogar an eine Fraktur denken lassen.

Schulter-, Arm- und Nackenschmerzen sind bei alten Menschen ebenfalls häufig. Gelegentlich sind Schulteraffektionen und Läsionen von Halsnervenwurzeln nicht einfach auseinanderzuhalten. Armschmerzen, die bis in den Unterarm oder in die Hand ausstrahlen und von Halswirbelsäulenstellungen abhängig sind (Verstärkung vor allem durch HWS-Retroflexion), legen den Verdacht nahe, dass sie durch Druck auf Nerven bedingt sind, die aus der Halswirbelsäule austreten. Auch diese Schmerzen können gelegentlich mit einer periradikulären Therapie länger anhaltend gelindert werden.

Im Alter häufig ist auch das Carpaltunnelsyndrom, welches vor allem nächtliche Probleme mit unangenehmen Gefühlen der Hand beim Einschlafen (Brachialgia paraesthetica nocturna) macht und tagsüber Tätigkeiten mit häufigem Greifen erschwert.

Bei Schmerzen im Schulter- und Beckengürtelbereich sollte an die Möglichkeit einer Polymyalgia rheumatica (also eine entzündlich rheumatische Erkrankung) gedacht werden, vor allem wenn gleichzeitig der Allgemeinzustand reduziert und die Blutsenkungsreaktion erhöht ist. Generalisierte Muskelschmerzen können auch das Symptom einer beginnenden Parkinsonkrankheit sein, deren Hypomimie und Bradykinese dann eventuell fälschlicherweise als Ausdruck einer Depression missverstanden werden.

Neu auftretende Kopfschmerzen im Alter sind fast immer symptomatisch und nicht selten Zeichen eines Gefäßproblems, einer Arteriitis temporalis oder gelegentlich auch eines Hirntumors. Als Ursache ist auch die arterielle

Hypertonie zu nennen. Die Arteriitis temporalis ist, wie die Polymyalgia rheumatica, Ausdruck einer Riesenzellarteriitis (also einer Entzündung in den Arterienwänden), die gut mit Steroiden therapierbar ist. Unbehandelt kann sie zur plötzlichen Erblindung führen.

Schmerzen und Kribbelparästhesien an beiden Füßen sollen an eine Polyneuropathie (dann vor allem bei B12-Mangel oder Diabetes mellitus) denken lassen. Mit Vorliebe nachts auftretende Muskel- und Wadenkrämpfe können sehr belastend sein. Oft helfen einfache, mehrmals täglich durchgeführte Wadendehnübungen, die die Krämpfe deutlich reduzieren.

Relativ einfach mit dopaminergen Medikamenten (wie sie bei der Parkinsonerkrankung angewendet werden) therapierbar sind auch Restlesslegs-Beschwerden. Bei dieser Störung zwingt eine unangenehme und z. T. als schmerzhaft empfundene Unruhe der Beine zur Bewegung und zum Aufstehen. Dies kann den Nachtschlaf erheblich stören.

Viele maligne Erkrankungen im Alter und gelegentlich auch die polyneuropathischen Folgen einer Chemotherapie gehen mit Schmerzen einher.

Im Vergleich zu den genannten schmerzhaften Krankheiten sind eigentliche Neuralgien oder schmerzhafte periphere Nervenverletzungen eher selten. Ein Herpes zoster führt nicht immer zu schlimmen Schmerzen.

Im Alter werden chronische Schmerzen von den Patienten nicht immer explizit erwähnt, vor allem wenn sie die Ursache anderer augenfälliger Schwierigkeiten wie Schlafstörungen, Depressionen, Medikamentenüberkonsum oder einer Gangunsicherheit mit Sturzangst sind. In diesen Situationen werden die Schmerzen auch von Betreuern und Angehörigen oft nicht angemessen beachtet. Chronische Schmerzen von älteren Menschen können Angehörige und Betreuer erheblich belasten und sie an den Rand der Erschöpfung bringen.

Therapie chronischer Schmerzen im Alter

Die Therapie chronischer Schmerzen im Alter gestaltet sich dank der Möglichkeiten der modernen Medizin oft einfach, was die medikamentöse Therapie, die physiotherapeutischen Maßnahmen oder die Operationen betrifft. Probleme ergeben sich, wenn potenziell therapierbare Ursachen nicht erkannt oder ungenügend behandelt werden oder die Behandlung ungenügend wirksam ist, wenn eine nicht eliminierbare Schmerzursache oder mehrere Schmerzursachen gleichzeitig vorliegen oder – was gar nicht selten ist – eine zunehmend »funktionelle« Chronifizierung auftritt. Es ist dann oft nicht mehr möglich, nozizeptive von chronifiziert-funktionellen Schmerzanteilen, d. h. Schmerzen mit Warnfunktion von Schmerzen ohne Warnfunktion, zu unterscheiden.

Am Anfang einer Therapie chronischer Schmerzen steht selbstredend die

Überprüfung der Diagnose(n) und – wenn möglich – die adäquate Behandlung der Ursache(n). Obwohl unterdessen allgemein akzeptiert ist, dass eine erfolgreiche Schmerztherapie biologische und psychosoziale Faktoren zu beachten hat, gehen Leitlinien zur Therapie chronischer Schmerzen in der Regel viel stärker auf Einzelheiten der medikamentösen Therapien als auf nicht medikamentöse Maßnahmen ein. Dabei ergeben sich aus den oben aufgeführten Befunden zur Entstehung chronischer Schmerzen vor allem aber Konsequenzen für die Lebensführung und für die nicht-medikamentöse Therapie. Ich möchte deshalb in dieser Arbeit für Einzelheiten zur medikamentösen Schmerz-Therapie auf die Literatur verweisen (AGS Panel in Chronic Pain in Older Persons 2009, Online-CME Praxis 2009, Schley u. Konrad 2009) und im Folgenden auf einige neurobiologische Grundvoraussetzungen für eine Therapie chronischer Schmerzen eingehen.

Chronischer Schmerz ist eine erlernte Erfahrung, die durch neue Erfahrungen verändert werden kann. Die »Schmerzlautstärke« ist unabhängig davon, ob der Alarm sinnvoll ist oder nicht, durch Verhalten modifizierbar. Das zeigen uns sowohl alltägliche Erfahrungen als auch neuere experimentelle Befunde. Voraussetzungen dafür, dass das Schmerzempfinden neu gelernt werden kann, sind Akzeptanz und Übung, d. h. auch Motivation zum Training mit Geduld und Ausdauer.

Akzeptanz bedeutet, dass die Tatsache des Schmerzes im Hinblick auf ein Ziel (z. B. mehr Lebensqualität zu erreichen) akzeptiert und die Bedeutung der Schmerzstärke zurückgestellt werden muss. Es ist eine alltägliche Erfahrung, dass auch an sich berechtigte Schmerzempfindungen abnehmen, wenn dem Schmerz nicht aus dem Weg gegangen wird. Ein Junge, der das Boxen lernen oder beim Fußball scharfe Bälle mit dem Kopf auffangen will, muss sich den anfänglich schmerzhaften Schlägen immer wieder aussetzen und akzeptieren, dass dabei Schmerzen auftreten. Mit der Zeit nehmen diese Schmerzen ab. Wenn sich aber sein Verhalten am Schmerz orientiert und er jedes Mal wieder pausiert, wenn er Schmerzen gehabt hat, wird sein Schmerzempfinden nicht abnehmen, und er wird auch die Freude an diesem Sport verlieren. In Experimenten konnte gezeigt werden, dass eine repetitive Stimulation mit Hitzeschmerzreizen zu einer länger anhaltenden Abnahme der Schmerzempfindung führt. Die Abnahme der Schmerzempfindung ist spezifisch nur für den geübten Reiz und für die geübte Körperregion (Gallez et al. 2005). Abhärtung gegen Hitzereize am Vorderarm bedeutet nicht Abhärtung gegen andere Schmerzreize und bewirkt auch keine allgemeine Abnahme der Schmerzempfindlichkeit.

Eine Schonung infolge chronischer Schmerzen führt zu einer Erfahrungsverarmung in Bezug auf die schmerzhafte Körperregion und zur Verminderung und Entdifferenzierung der entsprechenden kortikalen Repräsentationsareale.

Fallzentrierte Arbeiten

Es konnte am Beispiel von Patienten mit komplexem regionalem Schmerzsyndrom gezeigt werden, dass die kortikale Repräsentation der Finger auf der schmerzhaften Seite gegenüber der gesunden Seite reduziert ist (Pleger et al. 2005). Dieselbe Arbeit dokumentiert, dass ein Feinerkennungstraining im schmerzhaften Bereich (d.h. das Ermöglichen erneuter differenzierter Erfahrungen) die kortikale Repräsentation der Finger verbessert und dass parallel dazu eine Schmerzabnahme eintritt.

Auch globalere Kontextänderungen können Schmerzen lindern. Es ist möglich, mittels virtueller Realität die Schmerzlautstärke zu reduzieren. So waren zum Beispiel Operationsschmerzen bei Prostataoperation geringer, wenn Patienten virtuell in eine Eislandschaft versetzt wurden (Wright et al. 2005). Auch mittels kognitiver Manöver kann das Schmerzempfinden reduziert werden. Dies ist in Untersuchungen gelungen, in welchen Schmerzpatienten die Aktivität ihrer Schmerzzentren (im vorderen cingulären Cortex) durch Biofeedback als Flamme dargestellt bekamen. Kognitive Manöver, mit welchen Patienten eine Abnahme der Flamme und damit auch eine Abnahme ihrer Schmerzen erreichen konnten, bestanden z.B. im mentalen Versuch, die Schmerzen vom Schmerzort auf die andere Körperseite wegzudenken oder abwechselnd diesen als banal oder gefährlich anzusehen (deCharms et al. 2005).

Will man all diese Befunde in die Praxis umsetzen, erweist sich die Therapie chronischer Schmerzen als ein mühsamer Weg, auf dem Patienten zwar Hilfe bekommen, den sie aber selbst gehen müssen. Dazu gehören die Akzeptanz des Schmerzes und die Einsicht, dass ein Kampf gegen den Schmerz sinnlos ist und diesen eventuell noch verstärken kann. Es geht darum, sich trotz Schmerzen Ziele in Richtung auf ein möglichst normales Leben zu setzen und zu erkämpfen. Dies ist einfacher gesagt als getan und nur möglich, wenn Patienten soweit wie möglich über die Schmerzmechanismen aufgeklärt sind, hinderliche Annahmen bearbeitet und korrigiert und psychosoziale Belastungs- und Konfliktsituationen erkannt und abgebaut haben.

Chronische Schmerzen hinterlassen, wie jeder Lernprozess, messbare Veränderungen im Gehirn. Ein Leben mit weniger Schmerz muss neu gelernt werden. Wie beim Erlernen einer Sprache muss gelernt und immer wieder geübt werden, was man schließlich können will. Es geht darum, in kleinen Schritten die gewünschten Tätigkeiten und Fähigkeiten trotz Schmerzen zu üben und Vermeidungsverhalten und Ängste abzubauen. Dabei braucht der Patient vielfältige Unterstützungen und eine gute, tragfähige Beziehung zum Therapeuten. Die Begleitung beinhaltet individuell abgestimmte multimodale Maßnahmen, die ganz konkret z.B. eingeschränkte intellektuelle Fähigkeiten, Einsamkeit, Depression, Angst vor Stürzen, familiäre Konflikte oder auch Transporthindernisse zur Therapie berücksichtigen. Meist ist es nötig, auch

Betreuer und Angehörige in die therapeutischen Bemühungen mit einzubeziehen. Die Bedeutung einer regelmäßigen körperlichen Bewegung und einer aktiven geistigen Tätigkeit kann dabei nicht genug betont werden.

Fazit

Es gibt keine einfache Therapie chronischer Schmerzen, sondern nur einen Weg, mit dem Schmerz zu mehr Lebensqualität zu kommen und dann eventuell auch weniger unter dem Schmerz zu leiden. Um bei diesem Bild zu bleiben: Der Weg aus dem Schmerz ist beschwerlich, führt durch Nebel über Gebirge und macht Atemnot, Blasen und Muskelkater. Für das Wohl des Wanderers braucht es gute Landkarten und eine aufmerksame interdisziplinäre Betreuung und Unterstützung. Die Betreuung beginnt beim Hausarzt, der akute Schmerzen möglichst effizient behandelt. Bei unüblich lange andauernden Schmerzen sollte bald ein Schmerzspezialist hinzugezogen werden. Patienten mit etablierten chronischen Schmerzen brauchen eine multidisziplinäre professionelle Therapie, die je nach lokalen Gegebenheiten in verschiedenen Settings stattfinden kann.

Literatur

AGS Panel in Chronic Pain in Older Persons (2009) Pharmakological management of persistent pain in older persons. American J Am Geriat Soc 57: 1331–1346.

Coghill RC, McHaffie JG, Yen YF (2003) Neural correlates of interindividual differences in the subjective experience of pain. Proc Nat Acad Sci 100: 8538–8542.

Craig AD (2003) A new view of pain as a homeostatic emotion. Trends in Neurosciences 26: 303–307.

Mackey SC (2005) Control over brain activation and pain learnd by using real-time functional MRI. PNAS 102: 18626–18631.

deCharms RC, Maeda F, Glover GH, Ludlow D, Pauly JM, Soneji D, Gabrieli JDE, Eisenberger NI, Lieberman MD, Williams KD (2005) Does rejection hurt? A fMRI study of social exclusion. Science 302: 290–292.

Flor H, Braun C, Elbert T, Birbaumer N (1997) Extensive reorganization of primary somatosensory cortex in chronic back pain patients. Neurosci Lett 224: 5–8.

Flor H, Knost B, Birbaumer N (2002) The role of operant conditioning in chronic pain: an experimental investigation. Pain 95: 111–118.

Gallez A, Albanese MC, Rainville P, Duncan GH (2005) Attenuation of sensory and affective responses to heat pain: evidence of contralateral mechanisms. J Neurophysiol 94: 3509–3515.

Giesecke T, Gracely RH, Grant MA et al. (2004) Evidence of augmented central pain processing in idiopathic chronic low back pain. Arthritis Rheum 50: 613–623.

Fallzentrierte Arbeiten

Pleger B, Tegenthoff M, Ragert P, Förster A, Dinse HR, Schwenkreis P, Nicolas V, Maier Ch (2005) Sensorimotor returning in complex regional pain syndrome parallels pain reduction. Ann Neurol 57: 425–429.
Schelosky L, Müller F (2007) Medizinisch ungeklärte Symptome am Beispiel des chronischen Schmerzes. Akt Neurol 34:13–22.
Schley M, Konrad JK (2009) Schmerztherapie. Besonderheiten beim alten Patienten. Ars Medici 9: 380–384.
Singer T, Seymour B, O'Doherty J, Kaube H, Dolan RJ, Frith CD (2004) Empathy for Pain Involves the Affective but not Sensory Components of Pain. Science 303: 1157–1162.
Straube T, Glauer M, Dilger S, Mentzel H, Miltner WHR (2006) Effects of cognitive-behavioral therapy on brain activation in specific phobia. Neuroimage 29: 125–135.
Wright JL, Hoffmann HG, Sweet RM (2005) Virtual realitiy as an adjunctive pain control during transurethral microwave thermotherapy. Urology 66: 1320.e1–1320.e3.

Korrespondenzadresse:
Dr. med. Felix Müller
Leitender Arzt Neurologie
Spital Thurgau AG
CH–8596 Münsterlingen
E-Mail: *felix.mueller@stgag.ch*

Wenn es in der Beziehung schmerzt – Grenzen und Möglichkeiten von Paartherapie in der zweiten Lebenshälfte

Bernadette Ruhwinkel (Winterthur)

Zusammenfassung

Der Prozess des Älterwerdens verläuft derart unterschiedlich, dass es in Paarbeziehungen zu einer außerordentlich schwierigen Dynamik kommen kann, die psychische Schmerzen auslöst, wie Angst, starke Enttäuschungen und Verzweiflung. Eine Weiterentwicklung der Partner ist durch die Paardynamik oft blockiert. Die daraus resultierenden Schwierigkeiten können durch mögliche paartherapeutische Interventionen im Rahmen einer systemisch-integrativen stationären psychotherapeutischen Behandlung neue Entwicklungspotenziale freisetzen und eine erhebliche Stabilisierung der Gesamtsituation bewirken.

Stichworte: Paare, Alter, Paartherapie, Entwicklungsblockaden

Abstract: When relationships hurt – limitations and possibilities of couple counselling in the second half of life

The process of becoming old can come to pass in such different ways that dynamics among couples can become extremely difficult, which can cause psychological pain like fear, strong disappointment and desperation. Couple dynamics often prevent further development. Difficulties resulting from this can be handled with possible couple counselling interventions by systemic-integrative stationary psychotherapeutic treatment, can set free new potential for development and bring about an immense stabilisation of the overall situation.

Key words: couple, age, couple counselling, blockade of development

Auf der Psychotherapiestation für ältere Menschen in der integrierten Psychiatrie Winterthur (ipw, vgl. www.ipwin.ch) behandeln wir seit 2001 Menschen in der zweiten Lebenshälfte nach einem systemisch-integra-

> tiven Ansatz, nach dem Familien und Partner einbezogen werden. Das paartherapeutische Vorgehen, parallel zur stationären Psychotherapie des Indexpatienten, stellt besondere Anforderungen an das Behandlungsteam und an das Setting der Psychotherapie selbst, hat aber häufig einen sehr förderlichen Effekt auf den Gesamt-Outcome der Behandlung.

Einleitung

Uns allen ist die Alterstreppe vertraut, in der das Leben »von der Wiege bis zur Bahre« zunächst als treppenförmiger Aufstieg und dann, ab dem mittleren Lebensalter, als abwärtsgerichtete Treppe dargestellt wird (Thane 2005). Diese Vorstellung passt zu dem gängigen Altersbild in unserer Gesellschaft, das sich zeigt, wenn über die umgekehrte Alterspyramide und die hohen Kosten der immer älter werdenden Gesellschaft lamentiert oder wenn das Alter mit der Demenz gleichsetzt wird. Die Hirnforschung lehrt uns ein anderes Bild vom Älterwerden: Durch viele Studien wurde belegt, dass unser Gehirn nutzungsabhängig bis ins hohe Alter weiter ausgebaut werden kann (Herschkowitz 2006). Auch bei einer 90-Jährigen entwickeln sich neue Hirnzellen oder vernetzen sich bestehende Hirnzellen, wenn sie beginnt, die Blindenschrift zu lernen, oder ein neues Hobby anfängt (Hüther 2006). Diese Plastizität unseres Gehirns zeigt, dass das gesunde Altern noch anders aussehen könnte, wenn wir dieses Wissen bewusster nutzen könnten.

Der ältere Mensch ist einem Prozess unterworfen, der – ähnlich wie in der Adoleszenz – durch den Körper als Entwicklungsorganisator vorgegeben wird. Die Haare werden grau, Falten kommen und das Herz wird schwächer. Dieser Prozess geht mit Selbstwertkrisen, Rollen- und Statusänderungen einher. Die Chancen auf dem Arbeitsmarkt sind reduziert und ältere Menschen werden schlicht von jungen überholt (Lackinger Karger 2007). Die psychische Verarbeitung all dieser Erfahrungen bereitet viel Mühe und konfrontiert unmissverständlich mit der Endlichkeit des Lebens. »Im Alter geht es, wie in der seelischen Bewältigung der Adoleszenz um einen Prozess, durch den realistische Stützen des Selbstgefühls gewonnen werden. [...] Seelisches Altern entsteht in einer Grenzzone, wo sich das jugendliche Größenselbst an der Realität reibt, ihren Stürmen ausgeliefert ist und im Umgang mit den Folgen dieser Stürme reift« (Schmidbauer 2003). Diese inneren Stürme werden bei älteren Menschen aber oft schamhaft verschwiegen, da sie mit dem Ich-Ideal vom weisen alten Menschen konkurrieren (Erikson 1997).

Wir wissen um die Instabilität von Beziehungen Jugendlicher. Wie schwierig und schmerzhaft die Dynamik in älteren Paaren nicht zuletzt durch das unterschiedliche Älterwerden sein kann, zeigt sich, wenn wir mit älteren Paaren arbeiten.

Herr R., 66 Jahre alt, wird mit einer schweren depressiven Episode nach Herzinfarkt und nach zwei Suizidversuchen (mit Insulin) auf die Psychotherapiestation für ältere Menschen der ipw überwiesen. Die Depression zeigte sich durch eine Kombinationstherapie aus Antidepressiva, Körperarbeit, Ressourcenförderung und psychotherapeutischer Einzel- und Gruppentherapie rasch rückläufig.
Bis zum 58. Lebensjahr hatte er immer schwer gearbeitet und sich auf die Rente gefreut. Dann kam der große Herzinfarkt, viele Gefäßoperationen folgten. Er wurde frühpensioniert, was finanzielle Einbußen zur Folge hatte. In den letzten Jahren war er körperlich stabil, entwickelte aber ein zunehmend depressives Zustandsbild. Erst nach dem zweiten schweren Suizidversuch wurde eine Depressionsbehandlung eingeleitet. Seine Frau war noch nie krank gewesen. Durch seinen übermäßigen Alkoholkonsum in der Zeit vor dem Infarkt und durch seine körperlichen Leiden und die lange verkannte depressive Entwicklung mit den zwei Suizidversuchen, wo sie ihn beide Male gefunden hatte, gab es viele schmerzhafte Eheszenen, die sie nicht mehr länger ertragen konnte. Sie fühlte sich von ihrem Mann derart verletzt und enttäuscht, dass sie ihn nicht wiedersehen wollte. Eine Entlassung aus der Klinik in diese Konfliktsituation war nicht möglich. Wir luden deshalb Frau R. zu einem Paargespräch ein.

Ähnlich brisant war die Situation auch bei einem anderen Paar:

Frau A. war 74 Jahre alt und wurde vom Hausarzt mit Verdacht auf eine Demenz auf die Assessmentstation der ipw eingewiesen. Dort fiel auf, dass sie zwar keine Haushaltsgeräte mehr zu bedienen wusste, sich aber erstaunlich gut in der Abteilung zurecht fand und auch das Behandlungsteam rasch zu kennen schien. Außerdem beklagte sie fortwährend ihre Vergesslichkeit, was uns bezüglich der Diagnose skeptisch werden ließ.
Bei genauerer Diagnostik und nach einer Befragung der Familie und des Hausarztes konnten wir eine seit zwei Jahren chronifizierte Angststörung mit depressiver Pseudodemenz feststellen. Die Anmeldung im Demenzheim wurde gestoppt und wir nahmen die Patientin auf die Psychotherapiestation auf. Da jeder Medikamentenwechsel bei ihr Angst auslöste, konnten wir die Angsterkrankung nur langsam pharmakologisch beeinflussen. Im ersten diagnostischen Paargespräch stellte sich bald heraus, dass das Ehepaar A. in ganz extremer Weise unterschiedlich alterte. Während er mit über 80 Jahren noch jährlich drei Pässe bestieg und seinen Handwerksbetrieb erfolgreich

weiter führte, war sie seit Jahren krank. Eine chronische Gastritis und ein Hypoparathyreoidismus (also eine Unterfunktion der Nebenschilddrüse) waren lange verkannt worden. Ihm fehlte jedes Verständnis für ihre daraus resultierende Angst, wodurch diese noch um ein Vielfaches verstärkt wurde. Der Schmerz, von ihm nicht verstanden zu werden, ließ sie immer stärker depressiv werden, bis hin zur Pseudodemenz. Er schien kaum unter dieser Situation zu leiden, weil er auch diese Erkrankung seiner Frau stark bagatellisierte.

Die Situation dieser beiden Paare wirkt zunächst verfahren. Krankheiten und deren Folgen haben das sensible Gleichgewicht ihrer vorher schon problematischen Beziehungen ganz aus dem Lot gebracht. Ein weiteres Zusammenleben scheint aufgrund der Schwere der Pathologie beim Paar A. und durch die Schwere des Paarkonfliktes beim Paar R. ganz unmöglich geworden zu sein. Ist in solchen Fällen eine Paartherapie indiziert, und was kann erreicht werden? Wo sind Grenzen der Behandlungsmöglichkeiten? Mit Martin Buber können wir festhalten: »Das Ich wird am Du« (zit. nach Willi 1996). Die Hirnforschung sagt uns, dass das Gehirn am stärksten zur Weiterentwicklung durch Beziehungen (Hüther 2006, mündliche Mitteilung) herausgefordert wird. Können in der Paartherapie die gelebten Beziehungen soweit gefördert werden, dass sich trotz derart verhärteter und schmerzhafter Situationen wieder Entwicklungspotenziale für beide Partner eröffnen?

Was hält Paare in diesem Altersabschnitt zusammen?

Ein mongolisches Sprichwort sagt: »Wenn Frau und Mann auch Jahrzehnte auf dem gleichen Kopfkissen schlafen, so haben sie doch nie die gleichen Träume.« Paare in langjährigen Beziehungen und deren Umfeld machen sich häufig Illusionen, sie wüssten, was der/die andere denkt. Laut einer Studie von G. Schmidt (Schmidt zit. n. Willi u. Limacher 2005) geben Paare folgende Gründe an, weshalb sie seit 30 Jahren und mehr zusammen leben (in Klammern die Antworten von Paaren, die bisher nur zwei Jahre zusammen sind):

➢ Gewohnheit 13% (2%)
➢ Familie 19% (11%)
➢ Gemeinsame Geschichte 23% (0%)
➢ Liebe 39% (63%)
➢ Intimität 42% (39%)

Paartherapie mit älteren Menschen, aber wie?

»Voreinstellungen, Gefühle und Erleben von Psychotherapeuten gegenüber älteren Patienten sind in der Regel komplexer als gegenüber jüngeren« (Riehl-Emde 2002). Ein älteres Paar löst viele Übertragungen aus, lässt negative Altersbilder hochkommen und fordert jeden Therapeuten stark heraus, neutral zu bleiben. Gelingt aber eine tragfähige allparteiliche Beziehung, sind ältere Menschen oft sehr dankbar für das unerwartete Angebot, mit Unterstützung an ihrer Beziehung arbeiten zu können. Die Vorstellung, dass es sich in ihrem Alter »überhaupt noch lohnt«, ist für viele ein neuer Gedanke und weckt damit neue Hoffnungen, mit denen Therapeuten sorgfältig umgehen müssen.

Paartherapie kann aber auch in dieser Altersgruppe nicht die gelebte Beziehung ganz neu gestalten und ermöglichen, dass zu kurz Gekommenes plötzlich mehr Raum bekommt. Wenn es aber gelingt, die in der Paarbeziehung befindlichen Ressourcen neu zu wecken und nutzbar zu machen, dann kann diese Therapieform sehr gewinnbringend eingesetzt werden.

Die ökologisch-systemische Psychotherapie

Der ökologisch-systemische Behandlungsansatz (Willi 1996) kann aus meiner Erfahrung in der Therapie mit älteren Paaren sehr von Nutzen sein. Willi stellt fest, dass der nächste anstehende Entwicklungsschritt bei einem Paar blockiert sei, wenn es zu einer Symptomatik komme. Das Paar brauche dann therapeutische Unterstützung. Diese Haltung impliziert Respekt vor der langjährigen Beziehung, sie muss nicht aufgearbeitet werden. In erster Linie in langdauernden Beziehungen einen Wert für die beiden Menschen zu sehen, der Entwicklungen beider Partner ermöglicht hat, ist eine wichtige Voraussetzung, um mit dem Paar zu arbeiten, und muss in der Therapie gewürdigt werden.

Lediglich die aktuelle Entwicklungsblockade wird bearbeitet, Schwierigkeiten aus der Vergangenheit werden nur soweit angesehen, als sie für diesen Entwicklungsschritt bedeutsam sind. Aus ressourcenorientierter Sicht sind außerdem Fragen bedeutsam wie die, was das Paar zusammengeführt hatte, wie sie sich kennengelernt hatten und was beide am anderen als erstes angesprochen hatte. Die Beschäftigung mit diesen Fragen kann auch ältere Paare wieder zum Aufblühen bringen und lässt erkennen, welche Gefühle der Beziehung noch immer zugrunde liegen.

Das Leitbild, nachdem das Paar seine Beziehung in all den Jahren gestaltet hat, wird dann, soweit möglich, erarbeitet. Dabei lassen sich oft Ressourcen bei den Paaren aktivieren, die zur Überwindung der Blockade in der Entwicklung

Fallzentrierte Arbeiten

beitragen können. Auf der Psychotherapiestation haben wir die Paartherapie, wenn immer möglich und sinnvoll, in unser Behandlungskonzept integriert. Die Einzeltherapeutin ist bewusst nicht für die Paartherapie zuständig, um die Allparteilichkeit zu gewährleisten. Als therapieverantwortliche Oberärztin bin ich offen für die Sichtweise beider Partner und biete deshalb die Paartherapie an. Die Bezugsperson geht zum Teil mit in die Paarsitzungen, um den kranken Menschen in der Auseinandersetzung mit seinem Partner bzw. seiner Partnerin zu stützen. Eine 14-tägige Sitzungsfrequenz ist zumeist sinnvoll, um im stationären Rahmen auch paartherapeutisch etwas zu erreichen.

Paar R.: In der ersten Paarsitzung konnte erreicht werden, dass Frau R. bereit war, ihrem Mann eine Chance zu geben. Sie ließ sich auf die Paartherapie ein, da sie nichts unversucht lassen wollte, um die früher ihr so wertvoll gewesene Beziehung zu retten. Die Aufklärung, dass seine Verweigerungshaltung in den vergangenen Jahren Folge einer schweren Depression war, entlastete die Situation. Sie war bisher davon ausgegangen, dass er sie nur »plagen« wollte, wenn er im Wohnzimmer saß und nicht ans Telefon ging, während sie aus dem Garten zum Telefon laufen musste. Beide einigten sich rasch auf das Ziel, mit der Paartherapie zu prüfen, ob es einen Weg gäbe, wie sie noch »ein paar schöne Jahre miteinander verbringen könnten«.

Bei der Frage, wie sie sich kennengelernt hatten, spürte man rasch, welch tiefe Beziehung die beiden verband. Es war rührend anzusehen, wie durch die Beschäftigung mit diesem Thema die Liebe zwischen ihnen wieder in den Vordergrund trat. Als sie ihre gemeinsame Geschichte erzählten, wurde ihr Beziehungsleitbild erkennbar: »Wir kämpfen gemeinsam gegen den Rest der Welt«. Sie mussten sich gegen ihre Ursprungsfamilien durchsetzen, als sie heiraten wollten. Dieses Leitbild hatte ihnen auch den Rücken freigehalten, als sie die fünf Kinder großzogen, obwohl sehr wenig Geld zur Verfügung stand. Eine Frage nach den belasteten Ehejahren, die durch seinen Alkoholkonsum bestimmt waren, führte zu einer sofortigen Solidarisierung gegen die Therapeutin: »Diese alten Verletzungen wollen wir ruhen lassen«, meinte Frau R. Damit hatten sie das gemeinsame Leitbild wieder aktiviert. Stolz berichtete Frau R., dass ihr Mann schon mit dem Kinderwagen unterwegs gewesen sei, als dies noch kein anderer Mann im Ort gewagt habe. Er brachte auch die Kinder ins Bett, als sie eine Putzarbeit am Abend angenommen hatte.

Der Traum von einer schönen Rentenzeit mit Reisen ohne finanzielle Sorgen war lange Zeit das Ziel, auf das beide mit aller Kraft hinarbeiten wollten. Als er aufgrund des schweren Herzinfarktes frühpensioniert wurde, war dieser Traum plötzlich Illusion, da dadurch die Finanzen deutlich enger waren. Frau R. konnte diese Veränderung schwer begreifen, sie war noch nie ernstlich krank, und ihre Kraft und Energie waren ihr größter Stolz. Die Konflikte untereinander wurden mit der Zeit unerträglich, weil Herr R., bedingt durch die Depression, immer weniger im Haushalt machte, obwohl er körperlich wieder stabiler war. Beide unterstützen sich wechselseitig immer weniger und die Verständigung untereinander brach zunehmend ab. Die Weiterentwicklung war blockiert, er wurde depressiver, je aggressiver sie sich ihm gegenüber verhielt und sie reagierte vice versa. Beiden war das Leiden an ihrer Beziehung, die ihnen so viel bedeutete, sehr anzumerken. Sein Ausweg war der Suizid, er haderte zu Beginn der Therapie mit sich, dass er es zwei Mal nicht richtig gemacht hatte. Den Sinn für sein Weiterleben sah er ausschließlich in der Klärung der Situation mit seiner Frau.

In der Therapie konnte Herr R. seiner Frau dann gestehen, dass er sich seit dem Herzinfarkt schuldig fühle, weil er impotent geworden sei. Sie konnte daraufhin klären, dass dies für sie »ein Segen« war, weil seine sexuellen Bedürfnisse sie in früheren Jahren oft überfordert hatten. Daraufhin konnten sich beide gestehen, dass sie sich sehr nach Zärtlichkeit sehnten. Die schrittweise zärtliche Wiederannäherung war im Rahmen von stufenweise gesteigerten Wohntrainings möglich. Das Paar begann, zunächst ängstlich und dann mit immer größerer Freude, einen zärtlichen Umgang miteinander zu entdecken. Sie brauchten kaum therapeutische Unterstützung, um ihre anfängliche Scheu zu überwinden.

Gemeinsam begannen sie über die verlorene Hoffnung zu trauern, im Alter das Leben ohne finanzielle Engpässe mit Reisen zu verbringen. Sie erkannten, dass Zärtlichkeit eine Möglichkeit bot, sich das Leben miteinander schön zu machen, ohne dass es viel kostet. Für Frau R. wurde es auch klarer, was es heißt, im Alter krank zu werden. Er nahm zunehmend Abstand von der normativen Vorstellung, »ein Mann sein zu müssen«, und konnte sich für sein Fehlverhalten in den vergangenen Jahren aufrichtig entschuldigen.

Zum Abschluss der Therapie war es noch wichtig zu klären, was ihre anfängliche Drohung: »Ich ziehe aus!« zu bedeuten hatte. Frau R. konnte deutlich machen, dass sich ihre Drohung eindeutig gegen das entwertende Verhalten ihres Mannes richtete, der ihr beispielsweise verbot, Jeans zu tragen. Er konnte sich jetzt von dieser Haltung klar distanzieren. Danach konnte Herr R. in deutlich gebessertem Zustand entlassen werden und blieb seit Jahren ohne Rückfall.

Wenn beide Partner in der Lage sind, sich aneinander weiterzuentwickeln, spricht Willi (1996) von einer Koevolution. Wenn beide sich aber verstärken, Entwicklungen zu vermeiden, und sie sich wechselseitig auf fixierte Rollen festlegen, dann besteht eine Kollusion. Paar R. war kollusiv miteinander verstrickt. Über die Jahre war Frau R. immer wütender und ablehnender Herrn

Fallzentrierte Arbeiten

R. gegenüber geworden. Auf diese Weise wehrte sie die Auseinandersetzung mit Krankheit und Tod bei sich ab. Er war durch seine schwere somatische Erkrankung in seinem Narzissmus schwer gekränkt und konnte die negativen Krankheitsfolgen in seine weitere Identitätsentwicklung nicht einarbeiten. Er zog sich stattdessen in die Depressivität zurück. Das aggressive Verhalten seiner Frau bezog er auf sein sexuelles Versagen, was seine Depressivität nur noch verstärkte. Dadurch, dass in der Therapie der Anfang der Beziehung zur Sprache kam, wurden die positiven Emotionen füreinander wieder wachgerufen. Die Auseinandersetzung mit dem gemeinsamen Leitbild führte die beiden wieder an die solidarischen Ideen und Ziele ihrer Partnerschaft heran. Als Frau R. ihren Mann wegen des Alkoholkonsums gegen die Therapeutin verteidigte, brach das Eis merklich. Die wieder aktivierten Liebesgefühle führten zu einer Öffnung in der Beziehung, zu einer Lösung der kollusiven Verstrickung (Willi 1996) und zur Klärung bezüglich der Sexualität. Dies ermöglichte neue Entwicklungsschritte hin zu mehr Zärtlichkeit und Abschied von unrealistischen Träumen. Beide konnten sich nun konstruktiver mit Krankheit und Begrenztheit im Älterwerden auseinandersetzen und die vorhandenen Möglichkeiten nutzen lernen.

Paar A.: Frau und Herr A. hatten über die Jahre des Älterwerdens den Kontakt zueinander scheinbar ganz verloren. Im ersten Paargespräch war es Herrn A. unmöglich, auch nur ansatzweise die Ängste seiner Frau nachzuempfinden. Er blieb beharrlich auf dem Standpunkt, sie solle nur rasch wieder nach Hause kommen, dann gehe es sicher wieder. Das erklärte Ziel auch von Frau A. war, wieder nach Hause zu gehen, obwohl nicht klar wurde, was beide Partner überhaupt noch voneinander hatten.

Die Therapeutin versuchte in einer weiteren Paarsitzung, Herrn A. dabei zu helfen, die Angst seiner Frau nachzuvollziehen. Erst die von ihr angesprochene Vorstellung, dass er mit einem Gips zu Hause im Sessel sitzen müsste und nicht mehr arbeiten könnte, machte ihm ansatzweise klar, wie stark seine Frau durch Angst eingeschränkt war. Seine »Lösung« war dann zwar wenig einfühlsam und unrealistisch, aber sehr typisch für ihn: »Ich würde den Gips aufreissen und auch mit Schmerzen arbeiten gehen.« Außerdem gab er sogleich zu erkennen: »Wenn ich mit meiner Arbeit aufhören muss, werde ich krank. Das will ich auf keinen Fall!«

Auf die Frage, wie sich die beiden kennengelernt hatten, berichtete Herr A., dass er sie gesehen hatte, als sie mit einem Anderen aus dem Dorf tanzte. Er habe rasch entschieden, dass sie zu dem Anderen sicher nicht passe, und habe sie dann einfach nach Hause gebracht. Was sie gegenseitig angezogen hatte, konnten beide nicht beantworten. Hier kam es auch nicht zu einer Aufhellung der Stimmung zwischen den beiden, geschweige denn zu einem zärtlichen Blickkontakt. Sie suchte diesen Blickkontakt, er wurde von ihm aber nicht beantwortet.

In der Folge ging es um die Frage, wo die gemeinsamen Ressourcen liegen könnten. Mit Mühe konnte Herr A. anerkennen, dass »sein Betrieb« eigentlich auch mit der Leistung seiner Frau aufgebaut worden war. Er hatte ihre Arbeit als Sekretärin, Buchhalterin und Telefonistin stets ignoriert. Außerdem musste sie ihn zum Teil von allzu überzogenen Projekten abbringen, sie hatte immer Angst für zwei gehabt. Als diese Leistungen von ihrem Mann in der Therapie ansatzweise Anerkennung fanden, blühte Frau A. sichtlich auf.

Sie hatte durch eine intensive Vereinstätigkeit die sehr distanzierte und geringe emotionale Beziehung mit ihrem Mann viele Jahre zu kompensieren gewusst. Erst durch ihre körperlichen Leiden war dieser Ausgleich weggefallen und ihre Ängste waren immer stärker geworden. Dennoch wünschten sich beide nichts mehr, als dass sie wieder nach Hause kommen könne. Sie schienen auf eine sehr distanzierte Art doch bedeutsam füreinander zu sein.

Durch ein Familiengespräch mit beiden Kindern wurde klar, dass Frau A. immer viel gespart hatte, in der Hoffnung, gemeinsam mit ihrem Mann im Alter Urlaub machen zu können. Er war aber daran überhaupt nicht interessiert. Es gelang, Herrn A. zu vermitteln, dass seine Frau im Haushalt Hilfe brauche. Er war nach einigen Gesprächen bereit, Frauen von der »Perle« (Organisation von Pro Senectute, in der geschulte Frauen mit den Patienten daheim Schritte zur Reintegration nach langem Klinikaufenthalt machen) in seinem Haus zu akzeptieren und diese auch zu bezahlen. In der Folge konnten wir Frau A. schrittweise einem Angstexpositionstraining daheim aussetzen, zunächst begleitet durch therapeutische Mitarbeiter von uns, dann weiter übend durch Frauen von der »Perle«. Frau A. entwickelte ein Vertrauensverhältnis zu einigen Frauen von der »Perle«, sodass sie sich öffnen und ihre Ängste abbauen konnte.

Kurz vor dem Verlassen der Klinik kündigte der Mann an, er wolle den Vertrag mit der »Perle« nicht verlängern, da seine Frau nun wieder gesund sei. Daraufhin mussten wir erneut mit dem Paar sprechen. In diesem Gespräch konnte Frau A. ihren Wunsch äußern, die Unterstützung weiterhin nutzen zu wollen. Herr A. unterschrieb nun einen Vertrag mit der »Perle« für ein weiteres halbes Jahr nach dem Austritt. Mit dieser Sicherheit gelang es Frau A., nach Hause zu gehen. Sie setzte im darauffolgenden Jahr schrittweise die Medikamente und zuletzt auch die »Perle« ab und lebt nun seit vier Jahren wieder selbstständig zu Hause.

Mit dieser Fallvignette werden die Grenzen der Paartherapie sichtbar. Die Beziehung dieses Paares war seit Beginn von außerordentlich wenig Bezogenheit und Liebe zueinander geprägt. Das Leitbild ihrer Beziehung lässt sich mit dem Begriff »Zweckbündnis« beschreiben, ein Bündnis, mit dem beide aber viel erreicht hatten. Frau A. hatte zwei Kinder groß gezogen und war lange Zeit als Sekretärin und Buchhalterin ein tragender Teil »seines Betriebes« und als Geschäftsfrau im Dorf sehr angesehen. Er konnte seinen Betrieb noch im Pensionsalter ausbauen und beide waren finanziell gut abgesichert. Frau A. konnte lange Zeit ihr Bedürfnis nach Anerkennung und Wertschätzung durch ihre Vereinsaktivitäten und ihre angesehene Rolle im Dorf kompensieren. Ihre Hoffnung auf eine gemeinsame schöne Zeit mit ihm im Rentenalter wurde durch seine ungebremste Arbeitslust und ihre körperlichen Leiden zunichte gemacht. Ihre Kompensationsmechanismen waren nicht mehr nutzbar, je länger die körperlichen Krankheiten dauerten. Sie fixierte sich immer mehr in der Rolle der Ängstlichen, je mehr er seinen Betrieb ausbaute und sich dabei auch noch mit der Nachbarschaft überwarf. Er wehrte seine Angst vor dem Krankwerden durch mehr Arbeit ab, was sie immer kränker werden ließ, eine typische Kollusion (Willi 1996).

Durch die Therapie ließ sich die Beziehung nicht intensivieren. Es gelang aber, das »Zweckbündnis« der beiden auch in der Krise nutzbar zu machen. Es bedurfte unserer Wertschätzung für Herrn A., damit er bereit war, die hohen Kosten für die Frauen der »Perle« zu übernehmen, obwohl er von der Notwendigkeit nicht überzeugt war. Nur mit der Unterstützung der »Perle« konnte Frau A. ihre massiven Ängste vor dem »großen Haus und der vielen Arbeit« schrittweise überwinden. Die Wertschätzung ihrer Leistungen als Geschäftsfrau gaben Frau A. Selbstwert und neue Kraft.

Die reduzierten paartherapeutischen Interventionen waren lohnend für den Behandlungsverlauf, wenn man das Ziel von Frau A. berücksichtigt. Die Aufnahme in ein Altersheim oder in eine andere Wohnform wurde von Frau A. zu jeder Zeit klar abgelehnt.

Fazit

Dass auch ältere Paare Entwicklungsschritte machen können, zeigt das Fallbeispiel von Paar R. Grundlage ist die bleibende Plastizität des Gehirns, worauf die Hirnforscher aufmerksam gemacht haben. Lange Jahre wurde älteren Menschen unterstellt, dass sie nicht fähig seien, von Psychotherapie im Einzelsetting zu profitieren. Heute findet sich, bezogen auf die Paartherapie älterer Menschen, eine ähnliche Haltung leider noch sehr häufig. Die Veränderungen im Prozess des Älterwerdens machen hier ein Umdenken der Therapeut(inn)en nötig. Es erscheint mir wichtig, dass paartherapeutische Angebote für ältere Menschen ausgebaut werden und systemische Therapeuten damit zunehmend Erfahrungen sammeln können und die Freude, die in dieser Arbeit stecken kann, erleben dürfen. Mit solchen therapeutischen Interventionen können auch in scheinbar ausweglosen Situationen neue Perspektiven entwickelt werden. Paartherapie stößt da an Grenzen, wo eine Beziehung kaum noch eine tragende emotionale Basis hat. Diese Grenze zeigt sich aber nicht nur bei älteren Paaren.

Literatur

Erikson EH (1997) Identität und Lebenszyklus. Frankfurt (Suhrkamp).
Herschkowitz N (2006) Das vernetzte Gehirn. Bern (Huber).
Hüther G (2006) Bedienungsanleitung für ein menschliches Gehirn. Göttingen (Vandenhoeck & Ruprecht).
Hüther G (2006) Sind alte und junge Gehirne verschieden? Altern als Chance. Kongress in Heidelberg.
Lackinger Karger I (2007) Schönheitsklinik oder Zenkloster? Oder: Wie Frau trotz hysterisierten Zeitgeists in Schönheit und Würde altern kann. Psychotherapie im Alter 4(1): 21–38.
Riehl-Emde A (2002) Paartherapie – warum nicht auch für ältere Paare. In: Wirsching M, Scheib P (Hg) Paar- und Familientherapie. Heidelberg (Springer) 581–597.
Schmidbauer Wolfgang (2003) Altern ohne Angst. Hamburg (Rowohlt).
Thane P (2005) Das Alter. Eine Kulturgeschichte. Darmstadt (Primus).
Willi J, Limacher B (2005) Wenn die Liebe schwindet. Stuttgart (Klett-Cotta).

Korrespondenzadresse:
Dr. med. Bernadette Ruhwinkel
Oberärztin
Klinik Schlosstal/Winterthur ipw
Wieshofstr. 102
CH–8408 Winterthur
E-Mail: *bernadette.ruhwinkel@ipwin.ch*

DEUTSCHER ARBEITSKREIS FÜR KONZENTRATIVE BEWEGUNGSTHERAPIE

Der **DAKBT e. V.** bietet:

- eine qualifizierte,
- berufsbegleitende Weiterbildung
- mit Zertifikatsabschluss

in **Konzentrativer Bewegungstherapie** (KBT).

Die Konzentrative Bewegungstherapie ist eine leiborientierte psychotherapeutische Methode, bei der Wahrnehmung und Bewegung, als Grundlage von Erfahrung und Handeln des Menschen, für den therapeutischen Prozess genutzt werden.

Besonders geeignet als Zusatzqualifikation für Ärztinnen und Ärzte, Psychologinnen und Psychologen, Ergotherapeutinnen und Ergotherapeuten, Physiotherapeutinnen und Physiotherapeuten und andere in Heilhilfsberufen Tätige.

Nähere Informationen können angefordert werden bei der Geschäftsstelle des **DAKBT e. V. – Grüner Weg 4 - 48291 Telgte - Tel. 02504/888932 - Fax: 888933 - Internet: www.dakbt.de - e-mail: dakbt@t-online.de**

Ältere Menschen mit chronischen Schmerzen nach Unfallverletzungen – Das Ende der Erwerbstätigkeit?

André Thali (Bellikon, Schweiz)

Zusammenfassung

Chronifizierte Schmerzen nach Unfällen sind oft mit langen Abwesenheiten am Arbeitsplatz verbunden, was zu dessen Verlust führen kann. Eine berufliche Wiedereingliederung ist besonders im fortgeschrittenen Alter schwierig. Depressive Symptome, Pessimismus/Resignation, Angst und psychophysische Erschöpfung verstärken zusätzlich die schmerzbedingten Leistungseinbußen. Insbesondere erschwert ist die Situation bei Migranten (geringes Bildungsniveau, Unterschichtzugehörigkeit mit Schwerarbeit). Neben psychotherapeutisch-supportiven Maßnahmen ist die Sicherung der Existenzgrundlage vordringlich. Gefragt ist ein interdisziplinärer Zugang mit zusätzlicher Klärung der finanziellen Situation unter Einbezug verschiedener Versicherungsträger (in der Schweiz die Unfall- und Krankenversicherungen sowie die Invaliden- und Arbeitslosenversicherung). Eine Frühpensionierung oder eine überbrückende (Teil-)Berentung ist häufig das Vorgehen der Wahl.

Stichworte: Chronische Schmerzen, psychosoziale Belastungsfaktoren, Arbeitsfähigkeit und Zumutbarkeit, Migration

Abstract: Elderly with chronic pain after accidents – the end of working?

Chronic pain after accidents is often linked to a long absence from work, which can lead to loss of employment. Professional reintegration is especially difficult for older people. Symptoms of depression, pessimism/resignation, anxiety and psychophysical fatigue intensify the output losses caused by pain. Migration in particular complicates the situation even more (lower level of education, underclass affiliation with heavy labor). In addition to psychotherapeutic-supportive actions the basis of one's livelihood is priority. An interdisciplinary approach clarifying the financial situation while including various insurers is required (in Switzerland the accident and health insurance and the disability and unemployment insurance). An early pension or a part-pension is often the procedure of choice.

Key words: chronic pain, factors of psychosocial strain, capacity for work, appropriateness, migration

Einleitung

Erwerbstätige Menschen in fortgeschrittenem Alter haben nach Unfallverletzungen besonders dann Schwierigkeiten bei der Wiedereingliederung am Arbeitsplatz, wenn bleibende Restbeschwerden in Form von Funktionseinbußen und Schmerzen die ohnehin nachlassende Leistungsfähigkeit zusätzlich beeinträchtigen. Dies ist vorwiegend dort der Fall, wo die Berufstätigkeit physisch anstrengend ist und die Leistungsminderung nach Ablauf des gesetzlichen Kündigungsschutzes mittel- und langfristig den Arbeitsplatz gefährdet. In der Schweiz ist der Kündigungsschutz weit weniger gut ausgebaut als in umliegenden europäischen Ländern. Es können sich dann Zukunftsängste existenzieller Natur entwickeln, und eine hinzukommende psychiatrische Komorbidität in Form einer Depression oder Angststörung kann dann sowohl die somatisch-therapeutische Rehabilitationsphase wie auch die anschließende Wiedereingliederung am Arbeitsplatz erschweren.

Der Autor ist als klinischer Psychologe an einer Rehabilitationsklinik für Unfallpatienten tätig, welche von der Schweizerischen Unfallversicherungsanstalt (Suva) geführt wird. Die Suva versichert im Rahmen eines Teilmonopols der obligatorischen Unfallversicherung all jene Betriebe, deren Erwerbstätige einem hohen Unfallrisiko ausgesetzt sind: Bauunternehmen, Forstwirtschaft, Industrieunternehmen, die Schweizerischen Bundesbahnen und weitere Betriebe. Die Versicherten sind definitionsgemäß im erwerbsfähigen Alter, ein großer Teil verfügt nur über bescheidene berufliche Qualifikationen und der Anteil der Migranten in den von ihr geführten Rehakliniken (Bellikon und Sion) beträgt über 50%. Die Klinik von Bellikon umfasst je eine Abteilung für orthopädische Frührehabilitation, Neurorehabilitation, arbeitsorientierte Rehabilitation sowie für Gutachten und Expertisen. Angegliedert ist diesen Fachabteilungen eine Berufsberatung und Berufserprobung. In enger Zusammenarbeit mit der Schweizerischen Invalidenversicherung erfolgt dort die Abklärung, wenn es um eine berufliche Neuorientierung geht, wobei auch spezifische Maßnahmen eingeleitet werden können.

Der Autor ist in der Abteilung für arbeitsorientierte Rehabilitation tätig, aus welcher auch die Patientenbeispiele stammen. Ein eher geringer Anteil der dort behandelten Patienten gehört der Altersgruppe zwischen 60 und

65 Jahren an, wobei gerade diese oft große Probleme bei der beruflichen Wiedereingliederung bereiten, zumal eine berufliche Umschulung bzw. Neuorientierung kaum mehr realistisch ist und ab Mitte Fünfzig nur noch selten in Betracht gezogen wird.

Psycho-physische Erschöpfung bei psychosozialen Belastungsfaktoren

Das Nachlassen der körperlichen (und auch mentalen) Kräfte im Alter ist per se schon eine schwierige, wenn nicht gar kränkende Erfahrung. Das betrifft nicht nur Sportbegeisterte, sondern ganz elementar jene, welche täglich an ihrem Arbeitsplatz ein physisch anstrengendes Pensum zu bewältigen haben und in punkto Geschwindigkeit, Muskelkraft und Ausdauer sich mit jüngeren Arbeitskollegen vergleichen und sich hinsichtlich ihrer »Performance« seitens des Arbeitgebers auch vergleichen lassen müssen. Zusätzliche gesundheitliche Einbußen – etwa nach einem Arbeitsunfall – können die angesammelte Erschöpfung jahrzehntelanger Schwerarbeit am Limit der Belastbarkeit in einen Zustand körperlicher und psychischer Blockade umkippen lassen.

Insbesondere die Stressbelastung durch zermürbende Schmerzen kann ein schon latent bestehendes »Burnout« manifest werden lassen. Hinzu kommt, dass im vorgerückteren Alter sich Verlusterlebnisse kumulieren (Stellenverluste, Scheidung, Todesfälle nahe stehender Personen), was die Vulnerabilität für psychische und psychosomatische Affektionen beim plötzlichen Verlust der Gesundheit noch erhöht. Zudem begünstigt oft auch das Unfallerlebnis als solches eine psychosomatische Auslenkung, auch wenn keine posttraumatische Belastungsstörung im engeren Sinne dadurch hervorgerufen wird (Thali 2005a). Es braucht dann nur noch eine hinzukommende psychosoziale Belastung (etwa das Nachrücken eines jüngeren Vorgesetzten, der wenig Nachsicht für leistungsschwächere Mitarbeiter hat, oder eine familiäre Belastung), die zu einer depressiven Dekompensation, zu einer Angsterkrankung oder zur Ausbildung einer somatoformen Schmerzstörung führen kann.

Die somatoforme Schmerzstörung ist besonders geeignet, das angesammelte Leiden in einer »stillen« und sozial anerkannten Form auszutragen, zumal die initiale Schmerzerfahrung durch eine unfallbedingte strukturelle Läsion oder zumindest Irritation diese Symptomatik »gebahnt« hat. Der – zumeist unschuldig erlittene – Unfall bietet sich dem Patienten und seinem Umfeld als eine rationale Brücke an, um diese körperliche Form des Leidens zu legitimieren. Im folgenden Fallbeispiel führte eine Kumulation solcher psychosozialer Belastungsfaktoren zum Misslingen von Rehabilitationsmaßnahmen und zur Invalidisierung.

Fallzentrierte Arbeiten

Der 61-jährige Mitarbeiter beim Bauamt einer Kleinstadt erlitt bei der Arbeit ein Verhebetrauma der Lendenwirbelsäule mit LWK3-Impressionsfraktur. In den MRI-Bildern fanden sich zudem vorbestehende degenerative Veränderungen. Auch nach längerer stationärer Rehabilitation scheiterte ein Arbeitsversuch an der Zunahme der Schmerzen, obwohl ihm während der jeweils nur halbtägigen Präsenz ausschließlich leichtere Arbeiten zugewiesen wurden.

Anlässlich eines Abklärungs- und Behandlungsaufenthaltes in unserer Klinik anderthalb Jahre nach dem Unfall wurde die Problematik auch psychosomatisch abgeklärt. Herr H. wirkte im Gespräch psychophysisch erschöpft, »ausgebrannt« und klagte neben unvermindert heftigen Rückenschmerzen auch über gastrointestinale Beschwerden mit Medikamentenunverträglichkeit, Atembeklemmung, starkem Schwitzen, Störungen von Schlaf und Appetenz (mit Früherwachen und Gewichtsverlust) sowie über Störungen der Vitalgefühle mit Müdigkeit, Erschöpfbarkeit und Mattigkeit. Er erweckte einen resignierten, in Bezug auf eine weitere Wiederaufnahme seiner Arbeit pessimistischen Eindruck. Er hatte sich infolge von Insuffizienz- und Schamgefühlen aus Sozialkontakten zurückgezogen (man hätte hinter seinem Rücken getuschelt und ihm »Simulation« vorgeworfen), er neigte zu grüblerischen Gedanken mit Zukunftsängsten bis hin zu gelegentlichen (flüchtigen) Suizidgedanken und wies selbstunsichere, introvertierte Persönlichkeitszüge auf. Hinter der Fassade von Angepasstheit verbarg sich eine bedrückte Stimmungslage, dennoch blieb die affektive Schwingungsfähigkeit erhalten (häufiges Lächeln), auch zeigte der Patient noch Interesse am Weltgeschehen sowie an Sportsendungen im Fernsehen. Er verzichtete aber aufgrund der schmerzbedingten Limitierungen auf das geliebte Motorradfahren und das Heimwerken.

Aus der Biografie ging hervor, dass der gelernte Zimmermann längerfristig in seinem erlernten Beruf tätig war, vor 15 Jahren als Allrounder zum Bauamt seines Wohnortes wechselte und Unterhaltarbeiten von Straßen und Gebäuden übernahm, also eine körperlich eher schwere Arbeit. Das Arbeitsklima wurde als angespannt-hektisch und der neu eingestellte Vorgesetzte als »schwierig« bzw. sehr leistungsfordernd beschrieben. Anlässlich des Arbeitsversuches nach seinem Unfall musste er einfachste Tätigkeiten (z. B. Montieren von Hausnummern) übernehmen oder einfach als Hilfskraft eine Arbeitsgruppe begleiten, was er als demütigend empfand, zumal er sich dabei entwertende Bemerkungen anhören musste.

Der verheiratete Mann verlor vor 20 Jahren eine Tochter im Alter von zehn Jahren infolge einer neurologischen Affektion. Danach erkrankte seine Ehefrau an einem Lupus erythematodes und musste sich im Laufe der Jahre mehreren schweren Operationen unterziehen, sodass sie berentet werden musste. Zu Hause benötigte sie regelmäßige Hilfe der »Spitex« (des ambulanten Krankenpflegedienstes mit integrierter Hilfe bei Hausarbeiten). Diagnostisch musste bei Herrn H. von einer mittelschweren depressiven Störung mit einer zusätzlichen somatoformen Komponente ausgegangen werden. Er selbst hatte sich bereits innerlich vom Erwerbsleben verabschiedet; an sich hätte er noch zwei Jahre bis zur regulären Pensionierung arbeiten müssen, was in Anbetracht des physischen und psychischen Leidensdruckes kaum realistisch war. Es wurde deshalb dem ihn betreuenden Case-Manager seine vorzeitige Pensionierung aus gesundheitlichen Gründen vorgeschlagen. Während der Rehaphase wurde ihm neben Maßnahmen zur allgemeinen körperlichen Kräftigung eine stützende psychotherapeutische Betreuung angeboten, ergänzt durch eine milde psychopharmakologische Behandlung (Trimipramin in Tropfenform, da Tabletten aufgrund der gastro-intestinalen Beschwerden schlecht ertragen wurden), was schon bald die Schlafqualität verbesserte und als sehr entlastend erlebt wurde.

Aus rein somatischer Sicht wäre dieser Patient durchaus noch teilarbeitsfähig gewesen, doch verschlechterten die hinzugekommenen psychischen und psychosomatischen Beschwerden die Gesamtbilanz erheblich, sodass er selbst die Option eines erneuten Arbeitsversuches ausschlug, obwohl seitens des Arbeitgebers ein diesbezügliches Entgegenkommen signalisiert wurde. Die Arbeit »unter Wert« wäre für ihn für die verbleibenden zwei Jahre bis zur regulären Pensionierung zu kränkend gewesen. Außerdem hatte er sich mit einem neuen Lebensentwurf identifiziert und eine Tagesstruktur auf einem bescheidenen Funktionsniveau organisiert. Unausgesprochen, aber implizit dennoch motivierend war der Wunsch spürbar, mit der gewonnen Zeit seiner kranken Ehefrau betreuend zur Seite zu stehen, zumal er ihre verbleibende Lebenserwartung als eher niedrig veranschlagte.

Negative Migrationsbilanz mit chronischen Schmerzen, Enttäuschung und Verbitterung

Besonders einschneidend sind chronische Schmerzen nach einem Unfall bei Migranten. Diese haben ihre Heimat häufig mit ihrem einzigen Kapital, ihren arbeitenden Händen, verlassen. Sie verfügen nur über einen bescheidenen »Schulsack« und weisen bei gesundheitlichen Einschränkungen wenig berufliche Flexibilität auf, was sie umso anfälliger für psychosomatische Entwicklungen in der Fremde macht (Thali et al. 1996). Als manuelle Hilfskräfte auf dem Arbeitsmarkt sind sie wirtschaftlichen Krisen besonders ausgesetzt, ihr Lebenslauf ist häufig gekennzeichnet von Stellenverlusten und Stellenwechseln.

Fallzentrierte Arbeiten

Manchen Migranten gelingt eine bescheidene Karriere, und nach einem Unfall mit bleibenden Folgen sehen sie sich dann um ihr Lebenswerk gebracht, in welches sie viel Anpassungsbereitschaft und Fleiß investiert hatten. In Bezug auf gesundheitliche Probleme weisen sie zumeist externale Kontrollüberzeugungen auf und erwarten von der hiesigen Spitzenmedizin die »Reparatur« des Gesundheitsschadens, wie die Beseitigung von Schmerzen und die Wiederherstellung ihrer Arbeitsfähigkeit. Will dies nicht gelingen, wird der Bogen ihrer Frustrationstoleranz überspannt. Der Kampf um Anerkennung des Leidens und eine angemessen erscheinende Rente kann dann zum zentralen Lebenssinn werden und das existenzielle Vakuum auszufüllen helfen, welches durch das vorzeitige Ausscheiden aus dem Erwerbsleben entstanden ist (Thali 2006). Gerade bei älteren Menschen ist es oft tragisch zu sehen, wie sie dann über viele Jahre ihre ganze Energie und große Geldsummen für diesen Kampf aufwenden, die Bilanz fällt aber meist sehr ernüchternd aus.

Der 60-jährige Herr V. aus Italien zog sich vor 25 Jahren eine Knieverletzung zu, was in der Folge zu einer Gonarthrose und zu mehreren operativen Eingriffen führte. Vor sieben Jahren wurde eine Knietotalendoprothese eingesetzt, die vor einem Jahr wegen Inlay-Bruchs mit übermäßigem Abrieb ausgewechselt werden musste.

Aus bescheidenen ökonomischen Verhältnissen stammend, zog er schon in jungen Jahren zu Verwandten in die Schweiz und konnte hier nach anfänglichen Hilfsarbeiten und nach der Verbesserung seiner Deutschkenntnisse eine bescheidene Karriere mit einer praktischen Ausbildung zum Sanitärinstallateur machen. Dank Fleiß und Zuverlässigkeit avancierte er zum Einmannunternehmer und verdiente dabei gutes Geld, bis er vor 11 Jahren diese Tätigkeit wegen zunehmender Schmerzen nicht mehr ausüben konnte. In der Folge musste er teils vom Ersparten leben, bis schließlich nach längerer Zeit ihm die Rente zugesprochen wurde.

Nach 20-jähriger Ehe starb vor fünf Jahren zudem seine Ehefrau an einem Herzleiden, die beiden halbwüchsigen Kinder wurden danach extern untergebracht, leben aber aktuell wieder bei ihrem Vater. Die finanzielle Situation ist prekär, die Teilrenten seitens der Unfall- und Invalidenversicherung reichen kaum zum Leben.

Der übergewichtige Mann wirkte während des Reha-Aufenthaltes resigniert, zudem war er wegen durchgemachter Enttäuschungen und Kränkungen verhärmt, verbittert und dysphorisch verstimmt, kaum jemals huschte auch nur ein angedeutetes Lächeln über sein Gesicht. Er klagte über stärkere Schmerzen nach dem Knieprothesenwechsel sowie über rezidivierende Glieder- und Kopfschmerzen, erhob Vorwürfe gegen Ärzte, Versicherungen und andere Institutionen, er fühlte sich ungerecht beurteilt und medizinisch sowie administrativ falsch behandelt, wobei eine paranoid gefärbte Verarbeitung offensichtlich war (»psychisch kranke Ärzte«).

Er hatte sich aber im Laufe der Jahre eine neue Tagesstruktur organisiert und sich auch nicht aus Kontakten zurückgezogen. Hoffnung auf eine Besserung und berufliche Eingliederung hatte er keine mehr, er erwartete lediglich eine Verbesserung seiner misslichen finanziellen Situation. Einer psychotherapeutischen Unterstützung stand er ablehnend gegenüber, zu einer Gewichtsreduktion wollte er nicht die Hand bieten.

Aus psychosomatischer Sicht wurde er folgendermaßen beurteilt: Erhebliche somatoforme Schmerzkomponente bei psychosozialer Belastung und dysphorischer Entwicklung (i. S. einer Persönlichkeitsänderung) auf dem Hintergrund eines langwierigen Krankheitsverlaufes (mit zunehmender Zentralisierung der Schmerzen bzw. Ausbildung eines Schmerzgedächtnisses) sowie kumulierter Enttäuschungen und Kränkungen, die zu Verbitterung und Resignation geführt haben.

Aufgrund der Gesamtkonstellation war Herr V. nicht mehr erwerbsfähig, eine Anpassung der Rentenleistungen erschien gerechtfertigt.

Das Beispiel zeigt eine häufig zu beobachtende Entwicklung bei Migranten, die sich im Medizinalwesen nicht ernst genommen fühlen und ihre Erfahrungen allmählich paranoid verarbeiten. Allein, in der Fremde auf sich gestellt, ohne mit der Sprache und Kultur vertraut zu sein, reagieren sie mit Misstrauen, wenn nach einem Unfall oder nach einer Krankheit die erwartete Gesundung ausbleibt. Sie fühlen sich als »Ausländer« zweitklassig behandelt. Die Vorwurfshaltung generiert auf der Gegenseite Unmut, gepaart mit zunehmender Hilflosigkeit bei ausbleibenden Therapieerfolgen, was mitunter zu Ablehnung (»Simulant«, »Rentenneurotiker«) und zu barschen Reaktionen führen kann, was den ungünstigen Interaktionszirkel zusätzlich aufschaukelt. Das dysfunktionale Verarbeitungsmuster weitet sich auch auf andere Institutionen aus (Versicherungen, Gerichte), sodass sich eine destruktive – und letztlich selbstschädigende – Eigendynamik entwickelt. Mit zunehmendem Alter sinken zudem auch real die Chancen für einen »Neustart« – was bleibt, ist Resignation, Verbitterung und das hintergründige und sich immer lauter meldende Gefühl eines verpfuschten Lebens.

Schmerzen bei älteren Migranten mit hintergründigem Remigrationswunsch

Schmerzen können von älteren Migranten auch als Chance gesehen werden, nach langen und entbehrungsreichen Jahren in der Fremde vorzeitig in die

Fallzentrierte Arbeiten

Heimat zurückkehren zu können. Diese Einstellung ist vor allem bei jenen Arbeitnehmern zu beobachten, welche ihr »Plansoll« an Erwerbsarbeit geleistet zu haben glauben. Eine Rückkehr war immer schon geplant und zu diesem Zwecke wurde ein Hausbau in der Heimat realisiert. Unterstützt werden sie in diesen Plänen durch eine geringe Arbeitszufriedenheit oder einen Stellenverlust, altersbedingt haben sie nur noch reduzierte Chancen auf dem Arbeitsmarkt. Ihr Anliegen ist unter solchen Voraussetzungen durchaus verständlich, kann aber an versicherungsmedizinischen Realitäten scheitern.

In den frühen Abendstunden wurde ich von der behandelnden Ärztin von Herrn M. angerufen mit der Bitte, mit ihm vor der unmittelbar bevorstehenden Klinikentlassung noch ein Gespräch zu führen, um die Suizidalität abzuschätzen. Der Patient hatte beim Austrittsgespräch angedroht, er werde sich vor den Zug werfen, wenn ihm jetzt attestiert würde, dass er arbeitsfähig sei.

Der vorgealtert wirkende, 63-jährige Kosovo-Albaner von adipöser Gestalt sprach formelhaft gleich eingangs nochmal seine Suizidgedanken aus. Als Kranführer sei er stellenlos und in seinem Alter finde er kaum mehr eine Arbeitsstelle. Die Psychomotorik war dabei ausgesprochen lebhaft, ein affektiver Rapport gut herstellbar. Im Verlaufe des angeregten Gespräches konnte der Patient auch lachen und sich vom Suizidvorhaben deutlich distanzieren. Er wollte andertags seine Frau ins Spital begleiten, wo sie operiert werden sollte, zudem stand auch ein Heimaturlaub bevor. Er erschien nicht mehr depressiv, äußerte aber dysphorisch-gereizt und mit spürbarer innerer Anspannung seinen Unmut und Ärger darüber, dass er nach einem Sturz auf den Rücken und seither anhaltenden Schmerzen trotzdem als arbeitsfähig beurteilt werde. Schon fünf Jahre zuvor hatte er nach einem Unfall große Mühe bei der beruflichen Wiedereingliederung. Er ging davon aus, dass jetzt die Schwierigkeiten aufgrund seines vorgerückten Alters noch größer wären. Als vormals in der Baubranche nur temporär Angestellter konnte er nicht wie die anderen mit 63 Jahren in Pension gehen, sondern musste noch zwei weitere Jahre bis zum Übertritt in den Ruhestand warten.

Herr M. hatte in der Heimat nach dem Kosovo-Krieg sein stark beschädigtes Haus erneut aufgebaut und war deshalb verschuldet, was seine Zukunftssorgen durchaus plausibel machte. In den Therapien, welche ihm subjektiv keine Besserung brachten, fiel er durch ein sehr expressives Schmerzverhalten auf. Er zeigte Selbstlimitierungen sowie Inkonsistenzen im Rahmen eines maladaptiven Überzeugungs- und Bewältigungsmusters. Auf den Visiten ließ er durchblicken, dass er sich nicht mehr arbeitsfähig fühle und mit einer Rente in die Heimat zurückkehren wolle. Da lediglich leichte degenerative Veränderungen der Wirbelsäule ohne Krankheitswert vorlagen, konnte ihm aber vom Unfallversicherungsträger keine Rente gewährt werden.

Das Beispiel zeigt eine oft typische Konstellation: Ein geringfügiges Unfallereignis (z. B. ein Sturz auf den Rücken) führt zu unverhältnismäßigen Beschwerden mit offensichtlicher Verdeutlichungstendenz und Symptomausweitung (Kopp et al. 1997a), Rehabilitationsversuche scheitern und der Patient drängt explizit auf eine Berentung und zeigt dies auch mit seinem Verhalten. Solche Wünsche kann man gerade bei älteren Arbeitnehmern durchaus nachvollziehen. Nach Bagatellverletzungen und angesichts fehlender somatischer Befunde und psychiatrischer Störungen sind der versicherungsmedizinischen Beurteilung relativ enge Grenzen gesetzt. Wird die Unfallrente abgelehnt, bedeutet dies für den Patienten, dass er nolens volens an die Arbeitslosenversicherung (mit einer Stellenvermittlung) oder an das Sozialamt verwiesen werden muss. Die Konfrontation mit dieser Realität kann mitunter geeignet sein, eine neue Dynamik zu generieren, sodass die Betroffenen sich der Notwendigkeit einer weiteren Erwerbstätigkeit stellen. Schmerzen exkulpieren auch im vorgerückten Alter nicht generell von einer angepassten Tätigkeit, so schwer dies manchmal von den Betroffenen verstanden werden kann.

Schlussbetrachtung

Die Bilanz obiger Fallbeispiele fällt eher ernüchternd aus: Chronische Schmerzen nach Unfallverletzungen bei Arbeitnehmern im fortgeschrittenen Alter bedeuten oft tatsächlich das Ende der Erwerbstätigkeit, wenn die Arbeit physisch schwer ist und wenn ein Ausweichen auf leichtere Tätigkeiten nicht ohne weiteres möglich ist (z. B. mangels Ressourcen und beruflicher Flexibilität des Betroffenen). Da geschützte Arbeitsplätze fehlen, ist in der Schweiz einzig der Goodwill des Arbeitgebers ausschlaggebend, den Angestellten nach Ablauf der gesetzlichen Kündigungsfrist auf einem tieferen Leistungsniveau weiterzubeschäftigen und ihm leichtere Tätigkeiten anzubieten. Zudem hängt es auch vom Betroffenen selber ab, ob er sich mit einer »Beschäftigung« – z. B. im Magazin einer Baufirma – abfindet und nicht mehr einer qualifizierten Arbeit nachgehen kann. Manch einer wirkt nach jahrzehntelanger harter Arbeit auch psychophysisch erschöpft und »ausgebrannt«, er fühlt sich subjektiv nicht mehr arbeitsfähig und wünscht sich eine überbrückende Berentung oder vorzeitige Pensionierung. Das erscheint vor allem dort plausibel, wo psychosoziale Belastungsfaktoren zu den Schmerzen und Funktionseinbußen hinzukommen und eine berufliche Wiedereingliederung faktisch unrealistisch oder auch nicht zumutbar ist.

Die Zumutbarkeit ist bei jenen Fällen in Frage gestellt, wo eine zusätzliche psychische Störung von Krankheitswert diagnostiziert wird, die die Willensanstrengung zur Überwindung der Funktionseinschränkungen beeinträchtigt.

Fallzentrierte Arbeiten

Menschen, die in einer Depression erstarrt sind, können unter Umständen gar nicht mehr wollen (Abulie), was sich mindernd auf Leistungsfähigkeit und Zumutbarkeit auswirkt. Bei den somatoformen Schmerzstörungen hängt die Beurteilung der Zumutbarkeit neben dem Schweregrad und dem Ausmaß der Chronifizierung wesentlich von mentalen/psychischen Ressourcen ab, d.h. von innerer Flexibilität, Eigeninitiative, Persönlichkeitsstruktur und Ausbildung (Kopp et al. 1997b). Gerade ältere Menschen haben aufgrund erhöhter Rigidität und der Akzentuierung von vorbestehenden Persönlichkeitszügen größere Mühe mit Anpassungsleistungen an veränderte Lebenssituationen und Befindlichkeitsstörungen, sodass die Zumutbarkeit für eine Erwerbstätigkeit zurückhaltender zu beurteilen ist als bei jüngeren Arbeitnehmern, für die der Weg einer beruflichen Neuorientierung noch offen steht. Kommt dann zum Alter noch ein Migrationshintergrund hinzu, womöglich verbunden mit Sprachproblemen oder Analphabetismus, so werden sie von weiteren Anpassungsleistungen überfordert, zumal ihre Chancen auf dem Arbeitsmarkt realiter reduziert sind.

Eine Rehabilitationsphase im stationären Setting erweist sich in vielen solchen Fällen als nützlich, auch wenn die Ergebnisse auf der funktionellen Ebene bescheiden bleiben und keine Arbeitsfähigkeit mehr erreicht werden kann. Neben der präzisen Erfassung körperlicher Beeinträchtigungen mittels standardisierter Testverfahren (etwa der »Evaluation der arbeitsbezogenen funktionellen Leistungsfähigkeit«, EFL, nach Isernhagen 1988) kann in einem solchen Rahmen auch der Blick auf somato-psychische und psycho-somatische Wirkzusammenhänge ausgeweitet werden. Hierzu eignen sich nicht nur eingehende psychologische, psychosomatische und psychiatrische Explorationen, sondern auch der interdisziplinäre Austausch im Behandlungsteam. Das beobachtete Verhalten der Patienten in der Physio- und Ergotherapie gibt wertvolle Aufschlüsse über innere Einstellungen und Motivationen, über auffällige Inkonsistenzen und bewusstseinsnahe Selbstlimitierungen im Therapiealltag. Neben dem psychopathologisch bedingten »Nicht-Wollen-Können« gibt es auch das psychologisch zwar nachvollziehbare, aber versicherungsmedizinisch nicht anrechenbare »Nicht-Können-Wollen« auf dem Hintergrund eines Rentenbegehrens.

Eine solide versicherungsmedizinische Beurteilung schafft die Grundlage für das weitere Procedere, insbesondere für die zu erwartenden Rentenleistungen, was insbesondere für ältere Patienten, die ihr Leben nach dem Ausscheiden aus dem Erwerbsleben planen, von besonderer Bedeutung ist.

Eine stationäre Rehabilitation kann für die weitere Zukunft somit die Weichen stellen, was bei älteren Schmerzpatienten realistischerweise meist einen vorzeitigen Übertritt in den Ruhestand bedeutet – dies haben auch die Fallbeispiele gezeigt. Es geht mittels einer ganzheitlichen Beurteilung letztlich darum, den Betroffenen ein menschenwürdiges Leben zu ermöglichen und den Ermessensspielraum bei der Beurteilung zu ihren Gunsten zu nutzen, wo immer dies möglich ist. Die Basis für die weitere Existenzgrundlage zu schaffen, ist ein wesentliches therapeutisches Agens und bedarf der Zusammenarbeit mit dem Sozialdienst der Klinik, des zuständigen Case-Managers und der Versicherungsadministration.

Parallel dazu kann der Klinikaufenthalt dazu genutzt werden, der oft schon fortgeschrittenen Dekonditionierung durch ein sanftes Aufbauprogramm entgegenzuwirken und damit vermehrt (Freizeit-)Aktivitäten zu fördern und die allgemeine Lebensqualität zu verbessern. Die psychotherapeutischen Bemühungen sollen darauf zielen, psychiatrische Komorbiditäten, vor allem Depressionen und Angststörungen, mitzubehandeln und die Betroffenen empathisch-stützend zu begleiten, um sie auf den neuen Lebensabschnitt vorzubereiten. Bei Bedarf sollte auch ein weiteres psychotherapeutisches »Coaching« in der Wohnregion organisiert werden. Falls der Arbeitgeber die Hand bietet und der Patient für eine alternative, leichtere Tätigkeit motiviert ist, sollte nach erfolgter (Teil-)Berentung ein Verbleib im angestammten Unternehmen angestrebt werden, zumal damit eine Tagesstruktur mit den dazugehörigen Sozialkontakten ermöglicht werden kann.

Ist das Rehabilitationspotenzial ausgeschöpft, lohnt sich ein baldiger versicherungstechnischer Fallabschluss mit der Klärung der Rentenfrage. Dies führt nicht nur zu einer Beruhigung der zuvor ungewissen Situation, sondern kann auch als wesentliche Entscheidungshilfe für verschiedene Optionen dienen. Insbesondere ältere Migranten können mit erfolgtem Rentenbescheid ihre Zukunft definitiv planen und eine – vielleicht schon längst gewünschte – Rückkehr in die Heimat in die Wege leiten, wo geringere Lebenshaltungskosten anfallen und dank guter Kaufkraft der hiesigen Währung schon eine Teilrente zum Leben reicht. Ungünstig oder geradezu »toxisch« wirken sich dagegen Rechtsstreitigkeiten aus, welche in der Regel weitere Begutachtungen und damit zeitliche Verzögerungen nach sich ziehen. Außerdem entfaltet sich mit dem »Kampf ums Recht« und mit der Verlagerung des Leidens auf die juristische Ebene eine eigene Psychodynamik mit ungünstiger Entwicklung.

Literatur

Isernhagen S (Hg) (1988) Work injury. Management and prevention. Rockville, Maryland (Aspen Publishers).

Kopp HG, Oliveri M, Thali A (1997a) Erfassung und Umgang mit Symptomausweitung. Medizinische Mitteilungen der Suva 70: 56–78.

Fallzentrierte Arbeiten

Kopp HG, Willi J, Klipstein A (1997b) Im Graubereich zwischen Körper, Psyche und sozialen Schwierigkeiten. Die psychiatrische Begutachtung von somatoformen Störungen (am Beispiel von chronischen Schmerzpatienten). Schweiz Med Wochenschr 127: 1430–1439.
Thali A, Stern S, Rothenbühler B, Kraan K, Christen L, Augustiny KF (1996) Die Rolle psychosozialer Faktoren bei protrahierten und invalidisierenden Verläufen nach Traumatisierungen im unteren Wirbelsäulenbereich. In: Keel P, Perini C, Schütz-Petitjean D (Hg) Chronifizierung von Rückenschmerzen. Hintergründe, Auswege. Basel (Eular-Verlag) 122–128.
Thali A (2005a) Unfälle als Ursache psychosomatischer Entwicklungen. Die Bedeutung von Erlebnis und Ereignis. arthritis + rheuma: 25: 259–265.
Thali A (2005b) Hilflosigkeit, Anspruch und Rechtssuche. Transkulturelle Aspekte der Versicherungsmedizin. In: Heer M, Schöbi C (Hg) Gericht und Expertise. Schriften der Stiftung für Weiterbildung schweizerischer Richterinnen und Richter SWR/Band 6, Bern (Stämpfli) 137–151.

Korrespondenzadresse:
Dr. phil. André Thali
Psychiatrisch-psychologischer Dienst
Rehaklinik Bellikon
CH–5454 Bellikon
E-Mail: *andre.thali@rehabellikon.ch*

Psychogene Schmerzverstärkung im Alter – Körperschmerz und Seelenschmerz

Johannes Kipp (Baunatal)

Zusammenfassung

Da im Alter Körperstörungen häufiger werden, sind chronische Schmerzen, auch wenn sie psychogen anmuten, häufig körperlich mitbedingt. Es geht in der Regel dabei nicht um die Frage, ob die Schmerzen körperlich oder psychisch verursacht, sondern durch welche Faktoren die Schmerzen verstärkt werden. In der integrierten oder multimodalen Schmerztherapie (Huber u. Winter 2006) werden bei chronischen Schmerzen immer auch die wirksamen psychologischen Interventionsformen einbezogen, wobei jedoch bei einem rein verhaltenstherapeutischen Vorgehen frühere individuelle Lebensschicksale und Konflikte leider nicht berücksichtigt werden. Es ist aber effektiv, gerade auch bei älteren Schmerzpatienten frühere schmerzhafte Lebensereignisse aus einem psychoanalytischen Verständnis heraus zu reflektieren. Eine solche Vorgehensweise wird an einem Fallbeispiel dargelegt, wobei ein multimodales psychosomatisches Vorgehen propagiert wird.

Stichworte: psychosomatische Schmerztherapie, Triangulierung, Regression, Adoleszenz, Signalcharakter chronischer Schmerzen

Abstract: Psychogenic exacerbation of pain in the elderly – physical and psychological pain

Due to physical dysfunctions becoming more common in the elderly, chronic pain is oftentimes also caused by the physical condition, even though the pain might appear to be psychogenic. Generally, it is not about the question if pain is caused physically or psychologically, but which factors intensify the pain. The integrated and multimodal pain therapy (Huber and Winter 2006) always also includes effective psychological ways of intervention for chronic pain. However, a person's previous individual history or conflict is unfortunately not taken into account in an approach from the point of view of mere behaviour therapy. Nevertheless, it is effective to reflect earlier painful incidents of one's life from a psychoanalytical perspective, especially with older pain patients. Such course of action will be presented in a case study propagating a multimodal psychosomatic approach.

Fallzentrierte Arbeiten

Key words: psychosomatic pain therapy, triangulation, regression, adolescence, meaning of chronic pain

Einleitung

Schmerzen, insbesondere Rücken- und Gelenkschmerzen, sind im Alter häufig. Es klingt plausibel, dass diese Schmerzen auf eine altersbedingte Abnutzung des Körpers zurückzuführen sind. Dem ist aber häufig nicht so. Bei der überwiegenden Mehrzahl aller Rückenschmerzen (ca. 90%) wird kein oder nur ein für die Schmerzsymptomatik irrelevanter pathologischer körperlicher Befund identifiziert (Pfingsten u. Hildebrand 1997). Körperliche Störungen lösen außerdem nachweisbar nur bei einem Teil der Betroffenen Schmerzen aus. Beispielsweise klagten nur 11,2% einer untersuchten Population von 80-jährigen Menschen über Kniegelenksschmerzen, obwohl bei 44% radiologische Zeichen einer Gonarthrose vorlagen (Köller 2008). Grundsätzlich kann man aber annehmen, dass im Alter chronische Schmerzen durch körperliche Altersveränderungen häufiger verursacht werden als in früheren Lebensaltern. Gleichzeitig »schonen« sich viele ältere Menschen, indem sie ihre körperlichen Aktivitäten einschränken, sodass die Beanspruchung von Sehnen, Muskeln und Gelenken nicht mehr so hoch ist wie bisher. Mit der Reduktion der Belastung werden auch weniger Schmerzen hervorgerufen, obwohl Trainingsmangel längerfristig die Schmerzempfindlichkeit erhöhen kann. Obwohl also bei alten Menschen häufiger Gewebeschäden vorliegen, ist auch aus diesem Grund davon auszugehen, dass chronische Schmerzen nicht nur durch körperliche Faktoren bedingt sind.

In der derzeitigen wissenschaftlichen Literatur werden Schmerzen im Alter häufig ohne weitere Reflexion auf Körperveränderungen zurückgeführt (z.B. Basler 2007), wie wenn das Defizitmodell des Alterns noch unumstritten vorherrschen würde. In Bezug auf demente ältere Patienten wird vor allem untersucht, inwieweit diese nicht mehr zu adäquaten Schmerzäußerungen in der Lage sind, was dazu führen würde, dass Schmerzzustände zu selten diagnostiziert werden. Es gibt aber keinen Grund anzunehmen, dass somatoforme Schmerzen oder psychogene Schmerzverstärkung im Alter zurückgehen. Es gibt vielmehr zahlreiche Hinweise, dass Depressionen im Alter häufiger mit schmerzhafter Somatisierung als in früheren Lebenszeiten auftreten (Kipp u. Jüngling 2007, Kipp 2007). Dieser Tatbestand zeigte sich auch in einer kleinen, von uns durchgeführten Pilotuntersuchung (Göbel et al. 1997). Sicher sind hierzu weitere Untersuchungen notwendig, in denen aber auch die subjektive Schmerzschilderung und die Schmerzverteilung berücksichtigt werden sollten.

Im Alter ist es noch weniger sinnvoll als in früheren Lebensaltern, die dualistische Alternative klären zu wollen, ob Schmerzen entweder psychogen (gleich somatoform) oder somatogen durch Nozizeption (d. h. Schmerzwahrnehmung an speziellen Nervenendigungen) oder Neuropathie ausgelöst werden. Bei der bestehenden Multimorbidität und den vorhandenen Körperschädigungen ist keine eindeutige Antwort möglich. Sicher ist aber, dass Schmerzen auch im Alter psychogen verstärkt werden. Um das Verhältnis von körperlich und psychisch begründbaren Schmerzen zu verstehen, ist es u. E. am besten das Modell einer Ergänzungsreihe (Freud 1905) heranzuziehen. In diesem Modell wird die fallende Intensität des einen Faktors (somatogen) durch die steigende des anderen (psychogen) ausgeglichen, um die Intensität von Schmerzen zu erklären. Nach diesem Modell kann es in extremen Fällen an den beiden Enden der Reihe dazu kommen, dass nur jeweils *ein* Faktor für die Intensität der Schmerzen ausschlaggebend ist (vgl. Abb. 2).

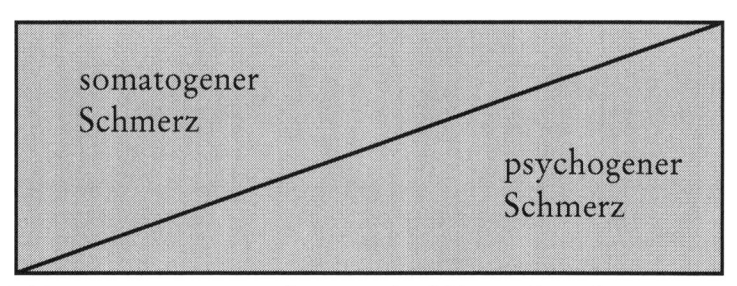

Abbildung 2: Ergänzungsreihe – bei gleichbleibender Schmerzintensität

In dieser Untersuchung kommt es also nicht darauf an, die ursächlichen Faktoren – somatogen oder psychogen – voneinander zu differenzieren, es soll vielmehr versucht werden, der Psychodynamik der psychogenen Schmerzverstärkung ein Stück weit auf die Spur zu kommen. Dies ist vor allem notwendig, wenn Schmerzen chronifiziert sind.

Akute Schmerzen haben Signalcharakter für eingetretene Schäden des Gewebes bzw. von Nervenbahnen. Der chronische Schmerz soll diesen Signalcharakter nach der Auffassung von Schmerztherapeuten (z. B. Huber u. Winter 2006) nicht mehr haben. Aus psychosomatischer Sicht erscheint es aber sinnvoll zu behaupten, dass auch der chronische Schmerz Signalcharakter hat, dass es sich aber hierbei nicht um Signale für eine Nerven- oder Gewebsstörung handelt, sondern um Signale für seelische bzw. psychosoziale Ursachen. Schmerzdiagnostik und Schmerztherapie, insbesondere im Alter, ist aus psychosomatischer Sicht eine Herausforderung an den (Schmerz-)Therapeuten, diesen Signalcharakter von chronischen Schmerzen zu entschlüsseln.

Fallzentrierte Arbeiten

Bei dem Übergang von akuten Schmerzen in chronische Schmerzen gibt es ein für Psychoanalytiker interessantes Phänomen. Die Schmerztherapie ist darauf ausgerichtet, akute Schmerzen soweit möglich zu unterdrücken, sodass durch diese keine Sensibilisierung der Schmerzwahrnehmung bewirkt wird (Huber u. Winter 2006). Um das Phänomen der Sensibilisierung zu beschreiben, spricht man von einem Schmerzgedächtnis, meint aber nicht die bewusste Erinnerung an Schmerzen, sondern das unbewusste Fortwirken der Schmerzerfahrung auf das weitere Schmerzerleben. Unbewusste Erinnerungen – sonst eher eine Domäne der Psychoanalyse – beeinflussen die spätere Wahrnehmung auf ganz erhebliche Weise. Unsere Lebenserfahrungen sind also nicht nur in unser Gedächtnis, sondern natürlich auch in unseren Körper, in unser Gehirn eingeschrieben. Wir verkörpern unsere Erfahrungen und begegnen so unserer Umwelt. Diese eingeschriebenen Schmerzerfahrungen gehen aber nicht nur auf Körperschmerzen zurück. Anhand der Behandlung eines Patienten möchte ich versuchen, solche Einschreibungsvorgänge und die wechselseitige Wirkung von Körperschmerz und Seelenschmerz zu beschreiben.

Fallschilderung

Herr A., ein über 70 Jahre alter Patient, berichtet im Erstgespräch, dass er seit acht Jahren an Unterbauchschmerzen leide. Vor zehn Jahren wurde er wegen eines Darmkrebses operiert. Vor acht Jahren fand eine Operation an der Blase statt, bei der Papillome entfernt wurden. Seither bestehen die Schmerzen. Seit fünf Jahren bekommt er nach eigener Angabe Oxygesic (ein zentral wirksames starkes Schmerzmittel). Herr A. bringt bei der Aufnahme in die Klinik maschinenschriftlich beschriebene Blätter mit, auf denen er die Odyssee seiner medizinischen Behandlungen mit über zehn Krankenhausaufenthalten, einhergehend mit aufwendigen Untersuchungen und operativen Eingriffen, in den letzten zehn Jahren stichwortartig protokolliert hat.

Seit zwei Jahren wird er mit Mirtazapin (einem Antidepressivum, das auch schlafanstoßend ist) behandelt, das ihm zuerst auch geholfen hatte. Während in den ersten Jahren immer wieder schreckliche Schmerzzustände aufgetreten seien, herrsche jetzt ein mittlerer Grad von kontinuierlichen Schmerzen vor. Für Herrn A. sind aber psychisch begründete Beschwerden nicht neu. Er wurde schon vor ungefähr 25 und vor 20 Jahren wegen Kopfschmerzen in psychosomatischen Reha-Kliniken behandelt, nachdem seine Schwester an einem Hirntumor verstorben war.

Während er anfangs allgemein von Unterbauchschmerzen spricht, stellt sich im Lauf der Gespräche heraus, dass es sich um Blasen-, Penis- und Darm-

ausgangsschmerzen handelt. Sexuelle Aktivitäten sind nicht mehr möglich, es bestehe daran auch kein Interesse mehr.
Seine Kindheit war recht schwierig. Seine Mutter hatte sich von seinem Vater in der beginnenden Kriegszeit getrennt, weil dieser untreu war. 1944 kam es zu einer Wiederannäherung und die Mutter lebte ein zweites Mal mit ihm zusammen. Die Neuauflage der Beziehung dauerte nur kurze Zeit. Aufgrund der anamnestischen Berichte von Herrn A. kann man annehmen, dass die erste Trennung und Scheidung der Mutter vom Vater in die ödipale Phase seiner Entwicklung fiel. Nach der Trennung hatte er seine Mutter für sich allein. Als es zu der Wiederannäherung seiner Eltern kam, war er ca. acht oder neun Jahre alt. Er berichtet aus dieser Zeit, dass er sich aus Trauer über das Verhalten der Mutter in den Bauch geschnitten habe, um sich umzubringen. Die Schmerzen jetzt könnten durch ähnliche Gefühle ausgelöst sein wie sein damaliger schmerzhafter Bauchschnitt.

Extrem gekränkt hatte ihn später in der Adoleszenz, dass seine Mutter damals ihm gegenüber behauptete, sie sei mit seinem leiblichen Vater nur seinetwillen eine erneute Beziehung eingegangen. Wenn man den Affekt bedenkt, der bei dem Jungen im Alter von acht oder neun Jahren zu einer solchen Selbstverletzung führte, wundert es nicht, dass er sich damals sehr von seiner Mutter verletzt gefühlt hatte. Offensichtlich war er doch als kleiner Junge in der ödipalen Phase froh, dass sich die Mutter vom »bösen« Vater getrennt hatte.

In den ersten Erzählungen darüber versucht er zuerst, seine damalige Betroffenheit zu überspielen – die erneute Beziehung der Eltern sei als Reaktion auf Kriegsende und Notzeit zu verstehen – jedoch werden in den Gesprächen allmählich seine Gefühle, die durch die Wiederannäherung sowie durch die verlogene Aussage der Mutter ausgelöst wurden, schmerzhaft deutlich.

Es besteht nun die Frage: Wodurch wird diese Schmerzerinnerung heute wieder mobilisiert? Herr A. hat zwei Kinder. Zu seiner Tochter, die ebenfalls mehrere Kinder hat, besteht ein gutes, vernünftiges Verhältnis, zu seinem Sohn, der schon immer ein »Nichtsnutz« war und jetzt wieder zu Hause wohnt, ist das Verhältnis sehr gespannt. Seine Frau steht offensichtlich ihrem Sohn sehr nahe. In Konflikten mit diesem vermittelt sie immer wieder, sodass er sich nicht konsequent von ihm abgrenzen kann. Wenn er darüber berichtet, stellt sich heraus, dass er emotional große unausgesprochene Schwierigkeiten mit diesem Dreiecksverhältnis (Vater-Mutter-Sohn) hat. Er beschwört im Gespräch immer wieder den Konsens mit seiner Frau, lässt aber kein Paargespräch in der Klinik zu und setzt dem Sohn Termine, wann dieser ausziehen müsse. Er kann einen solchen »Schlussstrich« jedoch nicht gegen den Widerstand von Ehefrau und Sohn konsequent umsetzen. Es ist ganz offensichtlich, dass ihn

Fallzentrierte Arbeiten

diese Situation zu Hause schmerzt, insbesondere wenn man dies im Kontext seiner Biografie sieht.
Zu seiner Enkelin, der einzigen Tochter seines Sohnes, die jetzt ca. 13 Jahre alt ist, bestand lange Zeit ein ganz herzliches Verhältnis. Sie war früher häufig bei den Großeltern. Da sich jedoch sein Sohn von der Mutter des Kindes getrennt hatte, kam es zum Konflikt und über Geldauseinandersetzungen auch dazu, dass kein Kontakt mehr zur ehemaligen Schwiegertochter besteht. Damit ist auch der Kontakt zu seiner Enkelin abgerissen, was ihn sehr schmerzt. Auch in diesem Dreiecksverhältnis (Großvater-Enkelin-Schwiegertochter) fühlt er sich als Verlierer, besteht jedoch darauf, dass er in Geldsachen auf keinen Fall nachgeben kann.
Während der stationären Behandlung werden diese Themen der Verletzung durch die Mutter, der Verletzung durch die Frau im Dreiecksverhältnis mit dem Sohn und der Verletzung durch den Kontaktabbruch von dieser Enkelin immer wieder besprochen und mit der Trauer darüber traten die Schmerzen zurück. Zwar war immer noch eine Schmerzmedikation mit Oxygesic notwendig, insgesamt waren die Schmerzen am Ende der kurzen Therapie jedoch erträglich.

Psychodynamische Überlegungen

Bei diesem Patienten stehen am Anfang seiner Schmerzkarriere körperliche Erkrankungen und körperliche Eingriffe. Die Krebserkrankung des Darmes und die Darmoperation haben jedoch noch nicht die Schmerzsymptomatik ausgelöst, sondern die viel harmlosere Entfernung von Papillomen in der Blase zwei Jahre später. Nur im Zusammenhang mit der Biografie wird klar, wie Schmerz und Bauch in einem psychischen Zusammenhang stehen: Er hatte als Neunjähriger bei der Wiederannäherung seiner Mutter an seinen Vater versucht, durch den Stich oder Schnitt in den Bauch seinem Leben ein Ende zu setzen. Wie damals will er heute in Bezug auf seinen Sohn einen Schlussstrich ziehen, das derzeitige Verhältnis Vater-Mutter-Sohn empfindet er offensichtlich – jetzt in der Position des Vaters – schmerzhaft.

Erst im biografischen Kontext wird außerdem verständlich, weshalb es ihn extrem in der Adoleszenz extrem gekränkt hatte, dass seine Mutter damals behauptete, sie sei zu seinem leiblichen Vater nur um seinetwillen zurückgekehrt. Diese Kränkung hatte zur Distanzierung von der Mutter geführt, obwohl oder weil das Verhältnis früher gar so nahe war.

Ich hatte mit ihm im Laufe der Therapie die These besprochen, dass seine Frau ihrem Sohn näher stehe als ihm, eine These, die offensichtlich kränkend von ihm erlebt wurde. Die Verweigerung, seine Frau durch ein Paargespräch in die Therapie einzubeziehen, habe ich dann so verstanden, dass er weiteren Kränkungen vorbeugen wollte. Aus dieser Sichtweise der Problematik versuchte ich auch seine Sehnsucht zu verstehen, einen Schlussstrich zu ziehen in dem Sinne, dass sein Sohn für immer weg sein sollte, damit das Dreiecksdilemma für immer gelöst sein möge. Die schmerzhafte Beziehungskonstellation in diesem Dreiecksverhältnis plagte ihn und machte sich körperlich an seinem Bauch fest. Dadurch, dass es in der Therapie möglich war, über seine Geschichte zu sprechen, war es ihm auch möglich, über Kränkungen nachzudenken und Trauer zuzulassen, was zu einer Linderung der Schmerzen führte.

Der schmerzhafte Beziehungsverlust zu seiner Enkelin ließ sich in der kurzen Therapiezeit nur bis zu einer gewissen Transparenz durcharbeiten. Seine Enkelin stand ihm, dem Großvater, wohl näher als ihrem Vater, seinem Sohn. Die (auch räumliche) Distanz von seiner geliebten Enkelin hatte sich dadurch ergeben, dass die geschiedene Schwiegertochter weit weggezogen war. Obwohl für ihn das Verhältnis so wichtig ist, verbot er sich, auf diese mehr als auf seine anderen Enkelkinder zuzugehen und ihr beispielsweise mehr als den anderen zu schenken. Er hatte an das Verhalten seiner Enkeltochter Erwartungen wie an eine erwachsene Frau und nicht wie an ein Kind, das unter der Trennung leidet und nicht souverän-verlässlich mit dieser umgehen kann. Seine Haltung, seine besondere Zuneigung zu dieser Enkelin nicht zu zeigen, wird durch seine biografischen Erfahrungen verständlicher.

Psychogene Schmerzen und psychogene Schmerzverstärkung

In der psychologischen Schmerztherapie, die ganz verhaltenstherapeutisch orientiert ist, wird der Körper-Seele-Dualismus, also die Unterteilung von Schmerzen in körperlich und seelisch bedingte, vermieden, weil auch das Interesse fehlt (z. B. Hasenbring u. Pfingsten 2007) zu klären, welche seelischen Schicksale und Konflikte vorhanden sind und auf welche Weise sich diese schmerzhaft auswirken können. Es gibt, gleichgültig durch welche Ursachen der Schmerz bedingt wird, Mechanismen, die zu einer verstärkten oder reduzierten Wahrnehmung führen. Beispielsweise kann ein rein körperlich bedingter Schmerz durch katastrophisierendes Denken (Kröner-Herwig 2007) psychisch verstärkt oder aber auch durch die Erfahrung der Selbstwirksamkeit im Rahmen von Entspannung (Rehfisch u. Basler 2007) vermindert werden (vgl. Tab. 3).

Fallzentrierte Arbeiten

Kognitionen	Katastrophisierung Schonmythen Überzeugung der Nichtbeeinflussbarkeit
Emotionen	Verzweiflung Hilflosigkeit Traurigkeit Ärger
Verhalten	Arztbesuch Medikamenteneinnahme Vermeidung körperlicher Aktivitäten
Biologische Prozesse	Muskelverspannung Entzündung Nervenkompression

Tabelle 3: Mehrdimensionale Verstärkung des Schmerzerlebens (nach Kröner-Herwig 2007)

Insoweit richtet sich die integrierte Schmerztherapie darauf aus, diese Verstärker des Schmerzerlebens zu beeinflussen. Dazu sind in der psychologischen Schmerzbehandlung zahlreiche therapeutische Maßnahmen entwickelt und überprüft worden, mit denen es möglich ist, Schmerzen zu beeinflussen (Kröner-Herwig u. Frettlöh 2007, 519). Hier seien die wichtigsten benannt:
➢ Edukation, d.h. Erweiterung der subjektiven Schmerztheorie der Patienten mit der Integration psychosozialer Aspekte,
➢ Erlernen von Entspannung,
➢ Verbesserung der Selbstbeobachtung,
➢ Verbesserung der Nutzung eigener Ressourcen,
➢ Analyse schmerz- und stressfördernder Bedingungen,
➢ Erlernen systematischer Problemlösekompetenzen,
➢ Abbau von Vermeidungsverhalten und Förderung der Aktivitäten,
➢ Veränderung von katastophisierenden und depressiven Einstellungen,
➢ Abbau inadäquater Schmerzkommunikation,
➢ Verbesserung der Schmerzbewältigung durch Entspannung, Ablenkung und Selbsthypnose etc. und
➢ Information und Unterstützung von Bezugspersonen.

Bei der therapeutischen Anwendung dieser Maßnahmen der (kognitiven) Verhaltenstherapie geht es nicht um Fragen der Entstehung und der subjektiven Bedeutung des Schmerzerlebens, sondern nur um die Frage, durch welche seelische Umorientierung die Beeinträchtigung durch den Schmerz reduziert werden kann. Viele dieser Maßnahmen sind auch in jeder integriert arbeitenden psychosomatischen Therapie von Schmerzen unverzichtbar. Es liegt dieser psychologischen Schmerztherapie aber eine Verkürzung des Denkens zu Grunde, die die Möglichkeiten eines psychotherapeutischen Vorgehens begrenzt, obwohl inzwischen sicher ist, dass frühere Erlebnisse und Traumata einen wesentlichen Einfluss auf die Entwicklung chronischer Schmerzstörungen haben.

Die individuelle Biografie scheint für verhaltenstherapeutische Autoren (Kröner-Herwig u. Frettlöh 2007) keine wesentliche Rolle zu spielen, während eigene Erfahrungen außerordentlich eindrucksvoll belegen, dass sich durch das Besprechen und Betrauern schmerzhafter Lebensschicksale Schmerzstörungen sehr gut beeinflussen lassen. Ebenso wie psychoanalytisch ausgerichtete Psychosomatiker wirksame Formen der kognitiven Schmerztherapie in ihr Behandlungsprogramm aufnehmen, sollten auch in einer integrierten Schmerztherapie Lebensschicksale und -konflikte fokussiert und durchgearbeitet werden.

Chronische Schmerzen als Signal für frühere psychische Verletzungen

Wie der akute Schmerz hat auch der chronische aus psychosomatischer Sicht *Signalcharakter*; hierzu möchte ich einige Überlegungen einbringen. Bei Schmerzpatienten macht man häufig die Erfahrung, dass schmerzhaft Erlebtes primär nicht ausgesprochen werden kann. Zeitweise wurde vermutet, dass dies mit einer Einschränkung der Sprachfähigkeit im Sinne einer Alexithymie zusammenhänge, die es schwer mache, über schmerzhaft Erlebtes zu sprechen. Wenn man das Fallbeispiel reflektiert, stellt sich aber heraus, dass das Erlebte, das Jahrzehnte zurückliegt, im Inneren wie in einem Sarkophag eingeschlossen war – aus Kränkung, Scham und Schuld konnte darüber nicht gesprochen werden. In Wiederholungssituationen, in Situationen der Machtlosigkeit bzw. der Ohnmacht wird das schmerzhaft Erlebte seelisch wieder schmerzhaft wirksam. Dies hat vor allem Kütemeyer (2009) bei Krebskranken mit therapieresistenten Schmerzen eindrucksvoll aufgezeigt. Im Fall von Herrn A. war die suizidale Handlung, die er als neunjähriger Junge unternommen hatte, bisher verschwiegen und nur in den jetzigen psychotherapeutischen Gesprächen wieder aufgetaucht. Aus meiner Sicht war das in der Kindheit und Jugend schmerzhaft Erlebte aber mindestens seit der Zeit wieder wirksam, seit es zu einer Wiederannäherung seines Sohnes an seine Frau gekommen war. Insoweit ist der chronische Schmerz ein Signal für ein primär im Verborgenen liegendes schmerzhaftes Lebensschicksal.

Fallzentrierte Arbeiten

Schmerzhafte Lebenserfahrungen – körperlich oder psychisch – schreiben sich in den Körper ein. Früh im Leben auftretende Schmerzerfahrung senkt die Schmerzschwelle (Egle et al. 2007), was auf die Sensibilisierung von Gehirnstrukturen (Amygdala und somatosensorischen Kortex) zurückgeführt wird. Wie beeinflussen diese *unbewussten Schmerzerinnerungen* das jetzige Erleben? Wird die heutige Schmerzerfahrung nur durch frühere Erfahrungen sensibilisiert oder wird mit dem Auftreten der Schmerzen das gesamte Seelenleben regressiv umgestaltet? Das Schmerzerleben geht aus meiner Sicht häufig mit einer emotionalen Regression einher, es wird auf frühere Erfahrungen und Ausdrucksformen zurückgegriffen. Zum Schmerzerleben gehört häufig auch ein Rückzug aus reifen Objektbeziehungen auf sich selbst, auf den eigenen Körper; so fördern Schmerzen egozentrische, wenn nicht gar narzisstische Tendenzen: Der Schmerz und mit ihm der unter Schmerzen Leidende steht mit gutem Gewissen im Mittelpunkt, insbesondere wenn mütterlich tröstende Personen anwesend sind. Diese These sollte von psychoanalytisch orientierten Schmerztherapeuten diskutiert werden. In diesem Kontext wäre auch klar, weshalb nicht selten der sekundäre Krankheitsgewinn bei Schmerzpatienten von großer Bedeutung ist.

Geht man davon aus, dass Schmerzen eine Regression herbeiführen, kann die Wirkung der verhaltenstherapeutische Vorgehensweisen auch andere Gründe als die dort beschriebenen haben: Die Schmerzpatienten werden in der kognitiven Therapie als Erwachsene angesprochen, auf ihre Einsicht wird gebaut. Dies ist sicher antiregressiv (bzw. progressiv) wirksam, wenn zuvor durch das Schmerzerleben eine Regression eingetreten ist. Ein solches, auf Einsicht beruhendes Vorgehen liegt der Psychoedukation zu Grunde, aber sicher wirken auch die Analyse von schmerz- und stressfördernden Bedingungen und das Erlernen systematischer Problemlösekompetenzen antiregressiv. Außerdem wird durch eine gute Therapie das Gefühl reduziert, allein gelassen zu werden, was vielleicht zuvor ein Grund für die Entwicklung eines katastrophisierenden Denkens war.

Das Sprechen über Schmerzen ist wenig konfliktreich, da der Schmerz ein Gefühl ist, das wenig vom individuellen Schicksal offenbart, gleichzeitig aber für andere Menschen verständlich und einfühlbar ist. Schmerzpatienten täuschen andere und wahrscheinlich auch sich selbst, wenn sie die Zusammenhänge mit ihrem Lebensschicksal nicht zur Sprache bringen. Obwohl inzwischen durch Untersuchungen ziemlich sicher ist, dass frühere Traumatisierungen auch noch nach Jahrzehnten als Schmerzen zum Ausdruck kommen können, gehört diese Erkenntnis erst seit Kurzem zum Allgemeinwissen des Schmerztherapeuten. Die Patienten selbst hören Fragen nach psychogenen Quellen der Schmerzverstärkung, insbesondere am Anfang der Therapie, als Vorwurf: Sie würden vielleicht nur simulieren und der Schmerz sei nicht echt.

Sie haben deshalb ein reiches Inventar an Aussagen, weshalb ihre Schmerzen körperlich begründet seien.

Treten also gerade bei älteren Menschen chronische Schmerzen auf, so sollten diese – das Defizitmodell des Alters im Hintergrund – nicht vorschnell auf Abnutzung und Multimorbidität zurückgeführt werden. Hier kommt dem Hausarzt eigentlich eine Steuerungsfunktion zu, die darin bestehen müsste, auf plausible, aber häufig unrichtige Schmerzerklärungen zu verzichten – 90% der Rückschmerzen können beispielsweise eben nicht konkret auf eine somatische Ursache zurückgeführt werden (Pfingsten u. Hildebrand 1997). Eine solche ärztliche Einstellung fällt aber sicher schwer, man muss auf die Rolle als wissender Arzt verzichten, um auf die in der Biografie verborgenen Faktoren der Schmerzverstärkung, die noch nicht bekannt sind, hinzuweisen. Hinzu kommt als Schwierigkeit die Einstellung zahlreicher Patienten, die – auch wenn sie schon in der Psychosomatik gelandet sind – gläubig hoffen, dass eine neue Untersuchung, ein teures bildgebendes Verfahren doch die körperlichen Ursachen ihrer Beschwerden aufdecken würde.

Rüegg (2009) schlägt vor, dass man diesem Bedürfnis, Schmerzen als körperlich bedingt anzusehen, im Rahmen der Psychoedukation nachkommen soll und verweist auf die neurophysiologischen Veränderungen im Gehirn, also auf Körperveränderungen, die selbst bei somatoformen Schmerzstörungen vorkommen. Chronischer Schmerz bzw. Verstärkung eines chronischen Schmerzes ist aber aus psychosomatischer Sicht ein Signal für die Aktualisierung eines schmerzhaften Erlebens, das aus Kränkung, Scham und Schuld nicht ausgesprochen werden kann, sondern zur Regression auf den Körperschmerz und damit auf Gefühle führt, die einerseits allgemein einfühlbar sind, die aber nichts von dem dahinterstehenden Erleben preisgeben. Das Sprechen über schmerzhafte Erlebnisse, auch wenn sie schon lange zurückliegen, kann aber zu einem Wiedererleben und zu Trauerprozessen führen, die mit einer Schmerzlinderung einhergehen. Soll man diese Chance vertun?

Therapie und Therapieziele

Wenn man von dieser beschriebenen Grundvorstellung der Schmerzverstärkung ausgeht, so klingen die Therapieschritte, die Egle et al. (2007) aufzeigen, ziemlich einleuchtend:
➤ Etablieren einer tragfähigen Arbeitsbeziehung durch Schaffung eines bergenden Klimas,
➤ Antworten, Klären und Konfrontieren, also Interventionsformen, wie sie in der interaktionellen Gruppentherapie verwandt werden, wobei

➤ der Therapeut eine Modellfunktion im Sinne eines erwachsenen Umgehens mit Problemen hat, während
➤ Deutungen primär sich auf den Patienten im Hier und Jetzt abzielen und regressionsfördernde Interaktionen vermieden werden.

Oft wird, erleichtert durch die Erfahrung mit Anderen in der Gruppe, die Bedeutung von verschwiegenem schmerzhaftem früherem Erleben erkennbarer. Die dahinter stehenden Schicksale und Ereignisse können dann zuerst in der Einzeltherapie, meist später auch in der Gruppentherapie ausgesprochen werden. Nach Schors (1993, zit. nach Egle et al. 2007) kommt es darauf an, dass zwischen dem körperlichen Schmerz und dem Affekt allmählich differenziert werden kann, wobei es darum geht, dass auch subjektiv unerwünschte Gefühle akzeptiert und integriert werden. Mit dem Erzählen hat Herr A. beispielsweise akzeptiert, dass seine heftigen Schmerzen auch etwas mit seinem früheren Schicksal zu tun hatten.

Bei vielen älteren, schmerzkranken Menschen ist die Kindheit oft in weite Ferne gerückt, während aktuelle kindlich-regressive Versorgungswünsche ganz offensichtlich sind. Ein multimodales Therapiekonzept, in dem es neben dem verbalen Erinnern auch um Bewegung und Gestalten geht, erleichtert es Patienten, bewusster an frühere Zustände schmerzhaften Erlebens und an Kränkungen und Wut heranzukommen. Wenn über andere Erlebensmodi es also möglich wird, das frühere Erleben bewusst zu aktivieren, dann wird auch ein Sprechen darüber möglich. Und mit dieser Möglichkeit ist verbunden, dass das heutige Gefühlsleben neu verstanden und interpretiert werden kann. Dabei ist zu berücksichtigen, dass im Alter häufig nicht nur die frühkindlichen Konflikte sondern vor allem auch die Belastungen in der Pubertät und Adoleszenz weiter wirken.

In der Schmerztherapie bei älteren Menschen hat das von Warsitz (Schlesinger-Kipp u. Warsitz 1984) formulierte Motto *Verstummen im Alter und Sprechen als Therapie* eine ganz besonders hohe Bedeutung.

Literatur

Basler HD (2007) Schmerz und Alter. In: Kröner-Herwig B, Frettlöh J, Klinger R, Nilges P (Hg) Schmerzpsychotherapie. 6. Aufl. Heidelberg (Springer) 195–206.
Freud S (1905) Drei Abhandlungen zur Sexualtheorie. GW 5. Frankfurt (Fischer) 27–145.
Egle UT, Nickel R, Hoffmann SO (2007) Psychodynamische Psychotheapie bei chronischem Schmerz. In: Kröner-Herwig B, Frettlöh J, Klinger R, Nilges P (Hg) Schmerzpsychotherapie. 6. Aufl. Heidelberg (Springer) 617–624.
Göbel H, Kipp J, Struwe B (1997) Symptomatik der Altersdepression und die Diagnose der Depression nach ICD-10. In: Radebold H, Hirsch RD, Kipp J, Kortus R, Stoppe G, Struwe B, Wächtler C (Hg) Depressionen im Alter. Darmstadt (Steinkopff).

Hasenbring M, Pfingsten M (2007) Psychologische Mechanismen der Chronifizierung – Konsequenzen für die Prävention. In: Kröner-Herwig B, Frettlöh J, Klinger R, Nilges P (Hg) Schmerzpsychotherapie. 6. Aufl. Heidelberg (Springer) 103–122.

Huber H, Winter E (2006) Checkliste Schmerztherapie. Stuttgart New York (Thieme).

Köller M (2008) Muskel- und Gelenkerkrankungen im Alter. In: Böhmer F, Füsgen I (Hg) Geriatrie. Wien Köln Weimar (Böhlau) 437–446.

Kipp J, Jüngling G (2007) Einführung in die praktische Gerontopsychiatrie. Zum verstehenden Umgang mit alten Menschen. München (Reinhardt).

Kipp J (2007) Depression im Alter. In: Schauenburg H, Hofmann B (Hg) Psychotherapie der Depression. Stuttgart (Thieme) 173–181.

Kröner-Herwig B (2007) Schmerz – eine Gegenstandsbeschreibung. In: Kröner-Herwig B, Frettlöh J, Klinger R, Nilges P (Hg) Schmerzpsychotherapie. 6. Aufl. Heidelberg (Springer) 7–20.

Kröner-Herwig B, Frettlöh J (2007) Behandlung chronischer Schmerzsyndrome: Plädoyer für einen multiprofessionellen Therapieansatz. In: Kröner-Herwig B, Frettlöh J, Klinger R, Nilges P (Hg) Schmerzpsychotherapie. 6. Aufl. Heidelberg (Springer) 513–538.

Kütemeyer M (2009) Karzinomschmerz – ein dissoziatives Phänomen? Psychotherapie im Alter 6(3):325–337.

Pfingsten M, Hildebrand J (1997) Rückenschmerzen. In: Kröner-Herwig B, Frettlöh J, Klinger R, Nilges P (Hg) Schmerzpsychotherapie. 6. Aufl. Heidelberg (Springer) 405–425.

Rehfisch HP, Basler HD (2007) Entspannung und Imagination. In: Kröner-Herwig B, Frettlöh J, Klinger R, Nilges P (Hg) Schmerzpsychotherapie. 6. Aufl. Heidelberg (Springer) 551–564.

Schlesinger-Kipp G, Warsitz RP (1984) Der Sog des Schweigens und die unwillkürliche Erinnerung. Fragmente (Uni Kassel) 10: 40–93.

Schors R (1993) Psychoanalytische Einzeltherapie bei Schmerz. In: Egle UT, Hoffmann SO (Hg) Der Schmerzkranke. Grundlagen, Pathogenese, Klinik und Therapie chronischer Schmerzsyndrome aus bio-psycho-sozialer Sicht. Stuttgart (Schattauer) 369–379.

Korrespondenzadresse:
Dr. Johannes Kipp
Klinik für Psychosomatische Medizin und Psychotherapie
Klinikum Kassel
Mönchebergstr. 41–43
34125 Kassel
E-Mail: *Johanneskipp@t-online.de*

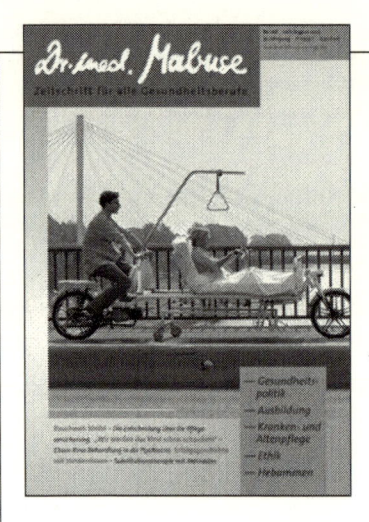

Dr. med. Mabuse

Zeitschrift für
alle Gesundheitsberufe

- kritisch
- unabhängig
- für ein soziales Gesundheitswesen

Schwerpunktthemen der letzten Hefte (je 3,50 Euro):
Psychosomatik (153) • Ausbildung (157) • Frauen, Männer und Gesundheit (159) • Krebs (160) • Gesundheitspolitik (162) • Sterben und Tod (163) • Pharma (164) • Kinder und Gesundheit (166) • Angehörige (167) • Körperbild- und Essstörungen (168) • Heime (169) • Anthroposophische Medizin (170) • Demenz (172) • Zukunft der Gesundheitsberufe (173) • Arbeit und Gesundheit (174) • Evidenzbasierte Medizin und Pflege (175) • Behinderung (176) • Integrierte Versorgung (177) • Migration und Gesundheit (178) • Palliativversorgung (179) • E-Health (180) • Ekel, Scham und Tabu (181)

Eine vollständige Übersicht aller erhältlichen Ausgaben finden Sie auf unserer Homepage.

Abo zum Vorzugspreis (und ein Geschenk)!
Jetzt Dr. med. Mabuse zum Vorzugspreis von nur 29 Euro pro Jahr (6 Hefte) abonnieren und sich ein Buch oder einen Büchergutschein über 15 Euro als Geschenk aussuchen!

Kostenloses Probeheft anfordern:
Dr. med. Mabuse
Postfach 900647 • 60446 Frankfurt am Main
Tel.: 069 - 70 79 96-16 • Fax: 069 - 70 41 52
info@mabuse-verlag.de • www.mabuse-verlag.de

Scherz und Schmerz – Humor als »Analgetikum«?

Rolf D. Hirsch (Bonn)

Zusammenfassung

Alte Menschen leiden häufig unter Schmerzen. Allerdings davon auszugehen, dass zum Alter Schmerzen gehören und damit auch wenig beeinflussbar sind, ist ein Vorurteil. Da Medikamente bei alten Menschen nur besonders sorgfältig verordnet werden sollten, kommt den nichtmedikamentösen Verfahren ein hoher Stellenwert zu. Ist die Förderung des Sinns für Humor als präventive Gesundheits-Maßnahme für alte Menschen schon sinnvoll, so gilt dies insbesondere bei der Behandlung von Menschen mit Schmerzen. Untersuchungen belegen, dass fröhliches, unbeschwertes Lachen und Lächeln als Ausdrucksformen von Humor schmerzreduzierend wirken können. Fallschilderungen verdeutlichen, dass auch eine gewisse Nachhaltigkeit bei konsequenter und kontinuierlicher »Humor-Beeinflussung« erreicht werden kann. Hier wird dafür plädiert, den Humor in der Therapie ernster zu nehmen und patientenorientiert wohldosiert einzusetzen. Scherz vertreibt Schmerz!

Stichworte: Humor, Lachen, Schmerz, Scherz

Abstract: Jokes and pain: humour as analgesic

Old people often suffer from pain. However, assuming that pain is part of becoming old and can, therefore, barely be influenced, is a preconception. Since medicine should only be prescribed carefully for old people, non-medicine-based approaches have become very important. While boosting the sense of humour as a preventative health method is already reasonable, this is especially true when treating people who are in pain. Investigations prove that happy, light-hearted laughter and smiles as expressions of humour can have a pain reducing effect. Case studies show that a certain sustainability can be achieved with a consequent and continuous influence of humour. This article pleads for taking humour in therapy more serious and applying it in a patient-oriented and balanced way. Jokes banish pain!

Key words: humour, laughter, pain, jokes

Fallzentrierte Arbeiten

Einleitung

»Wenn ich starke Schmerzen habe, ziehe ich mich am liebsten zurück, schon um anderen nicht zur Last zu fallen«, meint eine Teilnehmerin in der Humorgruppe, die schwerpunktmäßig für Menschen im Alter, die unter einer Depression leiden, in meiner Abteilung angeboten wird (Hirsch 2004). Einhellige Meinung ist: Wer starke Schmerzen hat, kann sich nicht selbst auf andere Gedanken bringen oder gar erheitern. Das könnten auch andere nicht. »Wenn ich Schmerzen habe, denke ich gar nicht ans Lachen.« Dann tauchen in der Gruppe auch andere Gedanken auf, wie: »Ich hätte gerne, dass andere auf mich zukommen« oder »Ich würde mir mehr Mitgefühl von den Mitmenschen wünschen«. Schließlich äußern sich zuerst ein Gruppenmitglied, später mehrere, dass sie bei Ablenkung, z. B. durch Musik, durch einen angenehmen Anruf oder bei heiteren Fernsehbeiträgen, aber auch bei lustigen Bemerkungen an ihre Schmerzen nicht mehr dachten, es ging ihnen in solchen Momenten besser.

Dazu ein kleiner Bericht:

»Vor einigen Jahren hatte ich eine Totaloperation. Am Abend nach der Operation sah ich einen Film mit Millowitsch. Ich musste viel und heftig Lachen. Als während des Filmes die Nachtschwester mir ein Schmerzmittel geben wollte, lehnte ich das ab. Nach dem Film schlief ich sehr gut. Am Folgetag wachte ich heiter und schmerzfrei auf. Mein Bett war von den abgehenden Flüssigkeiten – ich hatte mehrere Schläuche im Bauch – ganz nass. Die Wunde war reizlos. Die Schwestern und Ärzte waren über mein Wohlbefinden und die saubere Wunde erstaunt. Nach wenigen Tagen konnte ich schon entlassen werden.« Als Resümee meinte sie: *»Durch mein Lachen habe ich mir viele Schmerzen und auch Tage im Krankenhaus erspart.«*

Alter gleich Schmerz?

Eine 81-jährige Frau geht zum Arzt. Sie hat große Schmerzen im rechten Kniegelenk und kann kaum laufen. Der Arzt untersucht das Knie und macht mehrere Röntgenaufnahmen. Er findet keine Ursache für die Schmerzen. Schließlich meint er resignierend: »Ich habe nichts gefunden. Das liegt wohl am Alter.« Die Frau sieht ihn an und meint: »Tja, das kann schon sein. Aber dann müssen Sie mir das erklären. Mein linkes Knie ist genauso alt wie das rechte. Da habe ich keine Schmerzen.«

Geht man auch davon aus, dass ca. 60–80% der 60- bis 89-Jährigen (Gagliese u. Melzack 1997, Hessel et al. 2003) täglich mehr oder weniger unter Schmerzen leiden, so ist eine Pauschalierung »Alter gleich Schmerz« dennoch ein Vorurteil. »Dieser Glaube ist falsch« (Junker 2004, 9). Schmerzen sind auch im biblischen Alter nicht unbedingt gottgegeben, sondern primär Hinweise oder Alarmzeichen auf körperliche Ereignisse oder psychische Belastungen, die es zu untersuchen und behandeln gilt.

Schmerz kann als ein komplexes bio-psycho-soziales Phänomen betrachtet werden, welches geprägt ist durch Körpererleben, Emotionen, Kognitionen, Verhalten, Lebenshintergrund und Sozialkontakte (Kröner-Herwig 2007, Scheible u. Schmidt 2005). Schmerzen sind Alarmsignale und richten die Aufmerksamkeit auf eine Störung, deren Ursache zu erkunden ist. Per se sind sie nicht einfach ein Übel, welches »ausgemerzt« werden muss. Plausibel ist dies bei Zahnschmerzen, die Zeichen für einen krankhaften Prozess sind. Sie können nicht mit Medikamenten allein behoben werden, sondern nur durch eine sachgerechte Behandlung! Allerdings ist bekannt, dass beim Warten in der Praxis des Zahnarztes oft schon die Schmerzen vergehen.

Alte Menschen erleben Schmerzen z. T. anders als jüngere. Dies hängt mit ihren bisherigen Schmerzerfahrungen sowie mit Einstellungen, kognitiven Fähigkeiten und Einbußen der Sensorik zusammen (Bernatzky u. Likar 2007, Hardt 2008, Schaible u. Schmidt 2005). Diskutiert wird, ob die Leistungsfähigkeit der Nervenbahnen mit zunehmendem Alter abnimmt. Untersuchungen zeigen widersprüchliche Ergebnisse bei der Fragestellung, ob sich die Schmerzwahrnehmung und die Schmerzschwelle im Alter verändern. Veränderungen scheinen von den kognitiven Fähigkeiten alternder Menschen abzuhängen. Sicher ist aber, dass die Schmerztoleranz und die Diskriminationsfähigkeit für Schmerzreize mit dem Alter abnimmt (Basler 2007, Böhme 2000, Nikolaus u. Schuler 2000).

Werden Schmerzen von alten Menschen nicht geäußert, so ist auf nonverbale Schmerzhinweise zu achten, wie z. B. auf ein Schonverhalten oder ein Hinken, auf spontane Schmerzlaute oder gequälte Gesichtszüge und auf indirekte Hinweise: z. B. gestörte Alltagsfunktionen, Lustlosigkeit, Schlafstörungen, sozialer Rückzug und Appetitlosigkeit (Basler 2007, Nikolaus u. Schuler 2000).

Folgende negative Vorstellungen und Gedanken über Schmerzen können deren positive Beeinflussung erheblich behindern:
➢ »nur Medikamente können helfen«,
➢ »ich kann den Schmerz nicht beeinflussen und muss ohnmächtig darauf warten, bis er vorbeigeht«,
➢ »ich bin meinen Schmerzen, die keiner nachfühlen kann, hilflos ausgeliefert«,
➢ »ich kann mich nicht bewegen, da der Schmerz so stark ist«, und
➢ »meine Schmerzen sind nur organisch bedingt«.

Fallzentrierte Arbeiten

Auftretende Schmerzen können zu einem »Teufelskreis« führen: Schmerz → Bewegungseinschränkung (Passivität) → Muskelabbau, Verspannung und Entzündung → Hilflosigkeit und Abhängigkeit → sozialer Rückzug bis zur Isolation → Einsamkeit/Depressivität → geistige, körperliche Inaktivität → vermehrte Schmerzen (Schaible u. Schmidt 2005, Tölle u. Berthele 2007). Deshalb müssen Schmerzen frühzeitig, nachdem sie diagnostisch abgeklärt wurden, behandelt werden. Dies kann nur multimodal und interdisziplinär geschehen. Medikamente allein sind selten erfolgversprechend, obwohl ihnen die stärkste Wirkung zugesprochen wird. Gerade bei alten Menschen, die meist vielfältige Medikamente aufgrund ihrer Multimorbidität erhalten, müssen deren spezifische Reaktionsweisen (z. B. veränderte Pharmakokinetik und -dynamik, veränderte Herz-Kreislauf- und Nierensituation) beachtet werden (Böhme 2000, Siegel 2001). Obwohl hier die Gefahr von ungünstigen Arzneimittelnebenwirkungen besonders hoch ist, werden in der Praxis nichtmedikamentöse Behandlungsmethoden wie z. B. Entspannungsmethoden immer noch viel zu wenig eingesetzt.

Leider steht es um die Schmerztherapie in Deutschland nicht sehr gut. Man hat oft den Eindruck, dass Schmerzen von Helfern nicht allzu ernst genommen werden. Zu hören ist: »So starke Schmerzen kann der Patient gar nicht haben« oder »Zu viele Schmerzmittel können zur Abhängigkeit führen«. Diese Vorurteile werden besonders häufig geäußert, wenn es um alte Menschen geht. So werden z. B. in Pflegeheimen laut der American Geriatric Society 45 bis 80 % der Bewohner mit Schmerzen unzureichend behandelt (AGS 1998).

Natürlich können Schmerzen eine Chance sein, den Lebensstil zu verändern und so das Leben besser zu bewältigen. Wer starke Schmerzen (z. B. Wirbelsäulen-Schmerzen, die am Gehen hindern) hat, kann aber mit solchen Äußerungen kaum etwas anfangen. Er möchte nur, dass die Schmerzen aufhören! Kann da Humor helfen? Lachen statt Leiden? Da wir Menschen zeitgleich nur eine Emotion spüren können, wird beim Lachen der Schmerz in den Hintergrund gedrängt. Die Vorstellung, mit Lachen allein Schmerzen vertreiben zu können, ist nur bedingt realistisch. Bekannt ist allerdings, dass Optimisten, ebenso wie Menschen mit einer heiteren Grundstimmung, weniger unter Schmerzen leiden als Pessimisten.

Humor und Schmerz

Die Schilderung des Wissenschaftsjournalisten Norman Cousins über den Verlauf seiner sehr schmerzhaften neurologischen Erkrankung gab der Gelotologie (der Wissenschaft vom Lachen) einen erheblichen Aufschwung. Die Ärzte hatten ihn aufgegeben. Er verließ das Krankenhaus. Erst lenkte er sich durch unterhaltende Filme ab, dann begann er systematisch, humorvolle Filme wie »versteckte Kamera« oder Filme von den Marx-Brothers anzusehen sowie sich Witze und Anekdoten vorlesen zu lassen: »Es funktionierte. Ich machte die freudige Entdeckung, dass zehn Minuten echten zwerchfellerschütternden Lachens eine anästhetische Wirkung hatten« (Cousins 1990, 38). Schritt für Schritt verringerten sich die Schmerzen und auch die Einschränkungen der Bewegungen. Die Erkrankung verschwand zur Verblüffung der Ärzte nach einigen Jahren (Cousins 1990). Kant (1790/2001) bemerkt: »Voltaire sagte, der Himmel habe uns gegen die vielen Mühseligkeiten des Lebens zwei Dinge gegeben: die Hoffnung und den Schlaf. Er hätte noch das Lachen dazu rechnen können.«

Inzwischen gibt es einige Studien, in denen der Einfluss von Lachen und Humor auf das akute und chronische Schmerzempfinden untersucht wurden, z. B.:

➢ Mitte der 70er Jahre untersuchte Paul McGhee, einer der bekanntesten Gelotologen, experimentell die Zusammenhänge zwischen Lachen und Schmerzempfindung anhand von Kaltwasserreizen. Die Hände der Teilnehmer zweier Testgruppen wurden über längere Zeit in Eiswasser getaucht. Der einen Gruppe wurde währenddessen Witze erzählt, sodass sie andauernd lachten. Es zeigte sich, dass bei der Lachgruppe das Schmerzempfinden deutlich zurückging (zit. n. Uber u. Steiner 2006).
➢ Aus einer anderen Untersuchung (Rotten u. Shats 1999) geht hervor, dass Patienten nach einer orthopädischen Operation weniger Schmerzmittel benötigen, wenn sie humorvolle Filme ansehen, als solche, die keine ansehen.
➢ Durch Lächeln wird die Schmerztoleranz verändert (Zweyer et al. 2004).
➢ Baumann und Städeli (2006) konnten einen positiven Zusammenhang zwischen der Intensität des Lächelns/Lachens und dem Anstieg der Schmerztoleranz nachweisen. Zudem zeigten diese Autoren auf, dass unechtes Lächeln/Lachen die Schmerztoleranz senkt.
➢ Eine Untersuchung zum Zusammenhang von Humor und chronischem Schmerzerleben bei Frauen mit Arthritis ergab, dass das Bedürfnis nach Humor stieg, je höher das Schmerzempfinden war (McMullen u. Leise 1993).
➢ Mit Lach-Yoga kann nachweislich bewirkt werden, dass Schmerzempfindungen weniger wahrgenommen werden (Uber u. Steiner 2006).

Das Schmerzempfinden entsteht im Gehirn. Spezielle periphere Nervenendigungen (Nozizeptoren), die gereizt werden, melden die Reizung an das Gehirn (Schaible u. Schmidt 2005). Das Ausmaß der Empfindung hängt von der Stärke der Verletzung ab und von dem, was aktuell im Gehirn »los ist«. Verschiedene Teile des Gehirns können Signale aussenden, die die Weiterleitung der Schmerzsignale ins Gehirn hemmen, abschwächen oder auch verstärken. Auch die Bewertung des Schmerzes findet im Gehirn statt. Eine Schmerzempfindung ist umso höher, je ängstlicher, deprimierter oder gestresster eine Person ist. Um Schmerzen zu lindern, müssen im Gehirn entweder schmerzhemmende Systeme aktiviert oder schmerzaktivierende Systeme gehemmt werden (Tölle u. Berthele 2007, Schaible u. Schmidt 2005). Offenbar kann beides durch psychologische Mechanismen erreicht werden, die mit Lachen und Humor zu tun haben (Uber u. Steiner 2006), denn auch das Lachen entsteht im Gehirn (Uber u. Steiner 2006, Wild 2006).

Echtes fröhliches Lachen hat kurz- und langfristige Wirkungen, die auf folgenden Mechanismen beruhen (Rubinstein 1985):
➤ *Ablenkung*: Schmerzen werden durch die auf sie gerichtete Aufmerksamkeit *gesteigert*. Wer lacht, verringert diese Aufmerksamkeit.
➤ *Verminderung der Muskelspannung:* Viele Schmerzen sind mit einer verstärkten Muskelspannung verbunden. Durch Lachen kann Entspannung bewirkt werden.
➤ *Veränderung der Einstellung*: Ausmaß und Intensität des Schmerzempfindens sind subjektiv.
➤ *Erhöhung von Botenstoffen im Gehirn:* Die Produktion von Katecholaminen und Endorphinen bewirkt eine Verringerung des Schmerzempfindens.

Obwohl es heißt, dass Lachen die beste Medizin sei – dies bestätigen auch zahlreiche positive Einzelfallschilderungen – wird Lachen immer noch sehr selten eingesetzt. Vermutlich liegt dies auch daran, dass Ärzte und andere Helferberufe noch zu geringe gelotologische Kenntnisse haben und deshalb Lachen als Therapeutikum nicht ernst nehmen. Lorenz (1974) ist beizupflichten, wenn er äußert:»[A]ber ich glaube, [...] dass wir heute den Humor noch nicht ernst genug nehmen.« Scherz löst Schmerz? Sind auch die bisherigen Effekte nur für kurze Zeiträume wissenschaftlich belegt, so trifft dieser Vorbehalt auch für die Wirkung von Pharmaka zu. Allerdings verdeutlichen Einzelfallschilderungen, dass aus Kurzzeit- auch Langzeiteffekte werden können.

Die Stabilisierung der Heiterkeit in Form einer therapeutischen Förderung des Sinns für Humor als präventive Maßnahme wird noch zu selten angewandt, obwohl bekannt ist, dass heitere, lebensfrohe Menschen weniger unter Schmerzen leiden als andere, da sie sich durch ihre Schmerzen in ihrer Lebensweise nicht existenziell einschränken lassen. Sie versinken nicht im Schmerz, sondern nehmen ihn als unbequemen Gefährten, den es aufzuheitern gilt. Frankl (1983) betont: »Nichts vermöchte die Umstellung gegenüber menschlichen Bedingt- und Gegebenheiten so heilsam zu gestalten wie der Humor.«

Möglichkeiten der Schmerzbehandlung mit Humor

Die 95-jährige, körperlich schwer pflegebedürftige und bettlägerige Bewohnerin eines Heimes, die unter chronischen Schmerzen leidet, meint, nachdem sie gefragt wurde, was sie gegen ihre Schmerzen unternehme: »Erst sage ich dem Herrgott, dass er mich zu sich nehmen soll. Da dies aber nichts nützt, halte ich manchmal still, bis die Schmerzen vergehen. Seit einiger Zeit aber singe ich. Das hilft mir. Ich singe z. B. ›Ein Jäger aus Kurpfalz‹. Dann muss ich lachen und habe keine Schmerzen mehr. Pflegekräfte, die in mein Zimmer kommen, sind erst etwas irritiert, dann lachen sie und dann singen sie mit. So kämpfe ich gegen meine Schmerzen.«

Lachen auf Kommando? Diese Vorstellung kommt bei vielen auf, wenn sie hören, dass sie ihren Sinn für Humor bewusst fördern können. Natürlich ist es nicht einfach, Menschen mit Schmerzen zu motivieren, einen Zugang zu ihrem Humor zu finden. In dieser Situation können sie sich das, wie die meisten Ärzte, Pflegekräfte und Therapeuten, nicht vorstellen. Diese Einstellung zu beeinflussen, ist der wichtigste Schritt. Manchmal reicht es zu sagen: »Schmerzen haben Sie ja sowieso, da können Witze oder Anekdoten nicht schaden. Wir versuchen jetzt gemeinsam zu lachen.« Hilfreich ist es auch, den Patienten zu vermitteln, dass sie jeweils nur ein Gefühl erleben können, also Schmerz oder Heiterkeit. Beim Lachen werden Schmerzen in den Hintergrund gedrängt. Lächeln und Lachen unterbrechen negative Affekte und Reaktionen. Ich frage Schmerzpatienten deshalb nach einem heiteren früheren Erlebnis oder erzähle selbst von einem heiteren Missgeschick. Manchmal nehme ich auch eine rote Clownsnase zu Hilfe, um die Stimmung zu beeinflussen. Auch das Singen von Volksliedern kann erfolgreich sein. Wer singt, ist von den Schmerzen abgelenkt! Voraussetzung bei diesen Interventionen ist eine tragfähige vertrauensvolle Beziehung, damit Kranke nicht den Eindruck gewinnen, dass sie nicht ernst genommen und ausgelacht oder beschämt werden.

Zahlreiche »Humorprothesen« (Tab. 4) können eine humorfördernde Umgebung schaffen. Wer ständig von seinen Schmerzen spricht, verstärkt sie nur. Notwendig ist deshalb auch, dass Patienten lernen, ihren eigenen Humor zu erkunden, was sie humorvoll finden und welche Vorbilder sie

Fallzentrierte Arbeiten

haben. Schrittweise kann man sie auch z. B. durch das Programm von McGhee darauf hinführen (Tab. 5). Natürlich soll kein »Lachdruck« entstehen, sondern die Möglichkeiten des Patienten ausgewogen einbezogen werden. Wichtig ist, dass – ähnlich den Entspannungstrainings – kontinuierliche Übungen stattfinden, die erst unter Anleitung und dann von den Patienten selbst immer wieder durchgeführt werden.

- Singen/Tanzen
- Witz – »Anekdotenrunden«
- witzige Geschenke
- Namenanstecker, Buttons
- Humorzeitung/Seite in Betriebszeitung
- Humortagebuch
- CD/DVD/Video/Kassette
- Juxartikel
- Witze- u. Cartoon-Bilder/Pinwand
- Humorbibliothek
- Wortspiele/Sprüche
- Begrüßung mit Anekdote/Witz
- Grimassen schneiden
- Leitspruch/Witz des Tages
- Tag des Humors
- rote Nase
- Clinic-Clowns
- Spielsachen
- Puppen
- usw.

Tabelle 4: »Kunterbunte« Humorinterventionen

Erste Schritte in einem solchen Programm können darin bestehen, dass man Witze und Anekdoten liest oder sie einem vorgelesen werden, dass man fröhliche Lieder anhört oder Videoclips (z. B. von Loriot, Heinz Erhard, Hans Moser, Theo Lingen, Heinz Rühmann) sowie Fernsehbeiträge, wie »Versteckte Kamera«, ansieht. Hilfreich kann sein, eine Schmerzskala von den Patienten vor und nach diesen Interventionen ausfüllen zu lassen. Mancher Patient ist verblüfft, wie stark der Effekt ist. Entscheidend ist ein Perspektivenwechsel: weg vom Schmerz – hin zum Leben! Bewusst gemacht werden soll, dass Schmerzen als Gefühle ebenso wie das Lachen und die Heiterkeit im Gehirn entstehen. Durch möglichst reale Beispiele, die der Patient nachvollziehen

☹ → 😐 → ☺

1. Finden Sie heraus, was Sie lustig finden, und begeben Sie sich aktiv in Situationen, die Sie zum Lachen bringen (Theater, Kino, Fernsehen, Zeitungen, Comics etc.)!
2. Behalten Sie eine spielerische Grundeinstellung bei der Arbeit (das Leben ist zu wichtig, um es ernst zu nehmen)!
3. Lachen Sie bewusst laut und herzlich!
4. Beginnen Sie, sich Witze aufzuschreiben und weiterzuerzählen!
5. Spielen Sie mit doppelten Bedeutungen von Wörtern im Alltag! Finden Sie für Cartoons neue Unterzeilen! Fragen Sie sich bei allem, was Sie erleben, was daran komisch ist!
6. Finden Sie Inkongruenzen im Verhalten bei Fremden und Kollegen und lachen Sie darüber!
7. Schauen Sie sich Ihre eigenen Schwächen an und übertreiben Sie diese ins Groteske!
8. Nehmen Sie sich im größten Stress einfach eine Minute Auszeit und lächeln Sie ohne Grund!

Tabelle 5: Bewältigung von Schmerzen: Humor als Lebens- und Überlebenstraining (Paul McGhee 1996)

kann, soll diese »erste Tür« geöffnet werden. Erleben die Patienten eine Schmerzverringerung, motiviert dies weiterzumachen. »Ich brauche jetzt meine Kopfschmerzen nicht mehr«, berichtete eine Patientin und konnte ihr Leben wieder besser als früher bewältigen. Groucho Marx, einer der bekannten Marx-Brothers, bemerkte einmal: »Lachen ist wie ein Aspirin, es wirkt nur doppelt so schnell.«

Clowns als Schmerzableiter

In den letzten Jahren haben Klinikclowns viele Alten- und Pflegeheime, seltener auch geriatrische oder gerontopsychiatrische Kliniken »erobert«. So ist z. B. bekannt, dass sie einen besonders intensiven Zugang zu Menschen mit Demenz haben. Sie wecken das Kind im alten Menschen und verbünden sich mit ihm. Sie nehmen sich Zeit, »übersehen« Unzulänglichkeiten und bereiten für alle eine »Spielwiese«, auf der man sich wohlfühlt. Sie verkleinern das Leid und die Schmerzen. Die Anwesenheit eines Clowns verändert den

Raum und alle Anwesenden. Lebendigkeit und Farbenprächtigkeit, Kichern, Lachen und ungewohnte Laute, wie Quietschen oder Läuten, füllen den Ort und lassen keinen Platz für den Schmerz.

Der Clown relativiert den bitteren Ernst des Lebens. »Schlupflöcher« werden durch Lachen gebohrt und vergrößert. Der Clown »führt« einen zum Lachen. Die dumpfe Welt wird bunt. Der Clown ist nicht zeitgebunden. Ihn beherrscht nicht das Realitätsprinzip. Er moralisiert und kritisiert nicht. Er hüpft über alle Zwänge und Schmerzen hinweg und verleitet jeden, ihn nachzuahmen und dieses zu verinnerlichen. Er verhält sich wie ein kleines Kind, das die Augen schließt und dann Reales nicht sehen kann. So verschafft er uns einen unbeschwerten Zugang zu anderen Emotionen. Mit einem Instrument ausgerüstet (z. B. Gitarre oder Flöte) kommt er mit tänzelnden Schritten in Zimmer oder Aufenthaltsräume, ein Lied auf den Lippen, »aus dem Bauch heraus«, und steckt die Anwesenden an mitzusingen oder auch ein Tänzchen zu wagen. Wer lässt sich da nicht anstecken und »vergisst« schlichtweg erstmal seine Schmerzen? Schmerzen werden, wie aus der Kindheit bekannt, einfach »weggepustet«.

Ausblick

Ein schwer geplagter, unter Schmerzen leidender alter Mensch ist dankbar für jede Hilfe. Meist erwartet er Medikamente und ein tröstendes Wort. Die Schmerzen sollen sofort und nach Möglichkeit dauerhaft verschwinden. Das kann durch chemische Beeinflussung des Gehirns mit Zeitverzögerung und meist nur mit beschränkter Dauer erreicht werden, wenn unerwünschte Nebenwirkungen akzeptiert werden. Herzhaftes und fröhliches Lachen kann Schmerzen sofort beeinflussen. Auch bei chronischen und dauerhaften Schmerzen ist dies möglich. Jeder, der es versucht, ist verblüfft über die rasche Wirkung. Natürlich ist die Wirkung nicht dauerhaft. Ähnlich wie ein Pharmakon (beliebteste Dosierung dreimal täglich) sollten täglich mehrmals willkürlich Reize (Witze und Anekdoten erzählen, humorvolle Cartoons, Video-Clips, CDs, rote Nase aufsetzen und in den Spiegel sehen, Klinikclown u. a.) gesetzt werden, die vom Schmerzempfinden zum Lachen führen. Eine solche kontinuierliche »Medikation« kann dann auch zu einer Veränderung der Schmerzschwelle führen und zudem den Sinn für Erheiterung und Humor erst fördern und dann stabilisieren.

Ursachen von Schmerzen können oft erkannt und medizinisch behandelt werden. Schade ist, dass die bekanntesten Schmerzmittel Lachen und Humor so wenig gezielt eingesetzt werden. Da die Medizin leider immer mehr zu einer McDonald-Society mit technokratisch-bürokratischen Regeln verkommt, die todernst durchgeführt werden, ist es zwar verständlich, aber eigentlich nicht zu akzeptieren, dass der Humor so wenig Platz im Gesundheitswesen hat. Mag der Spruch »Wer heilt, hat Recht« pragmatisch sein, so sollte er doch vorurteilslos mehr Eingang in die Medizin und Pflege erhalten. Dem römischen Kaiser Titus wird nachgesagt, dass er am Abend eines Tages, an dem er nicht gelacht hatte, diesen als verloren betrachtete (»Diem perdidi«). Dem ist nur zuzustimmen. Es reicht allerdings nicht, mit Karl Valentin nur zu lamentieren: »Mögen hätten wir schon wollen, aber trauen haben wir uns nicht dürfen.« Trauen dürfen, im Interesse von Menschen, die unter Schmerzen leiden, sollten wir mögen wollen!

Literatur

AGS Panel on Chronik Pain in Older Persons (1998) The Management of Chronic Pain in Older Persons. JAGS 46: 635–651.
Basler HD (2007) Schmerz und Alter. In: Kröner-Herwig B, Frettlöh J, Klinger R, Nilges P (Hg) Schmerzpsychotherapie. Heidelberg (Springer) 195–206.
Baumann S, Städeli I (2006) Erheiterung und Schmerz – eine FACS-Studie. Vortrag, Humorkongress Bad Zurzach, 22.–24. 09. 2006.
Bernatzky G, Likar R (2007) Schmerzentstehung und Schmerzbehandlung – neue Erkenntnisse wirken in die Praxis. In: Bernatzky G, Likar R, Wendtner F, Wenzel G, Ausserwinkler M, Sittl R (Hg) Nichtmedikamentöse Schmerztherapie. Wien (Springer) 1–8.
Böhme K (2000) Besonderheiten der Schmerztherapie alter Menschen. In: Füsgen I (Hg) Der ältere Patient. München (Urban & Fischer) 644–663.
Cousins N (1990) Der Arzt in uns selbst. Reinbek bei Hamburg (Rowolt).
Frankl VE (1983) Ärztliche Seelsorge. Frankfurt/Main (Fischer Taschenbuch).
Gagliese L, Melzack R (1997) Ceinic pain in erdelry people. Pain 70(1): 3–14.
Hardt R (2008) Akute und chronische Schmerzzustände. In: Böhmer F, Füsgen I (Hg) (2008) Geriatrie. Wien (Böhlau) 89–95.
Hessel A, Geyer M, Gunzelmann T, Schumacher J, Brähler E (2003) Somatoforme Beschwerden bei über 60-Jährigen in Deutschland. Z Gerontol Geriat 36: 287–296.
Hirsch RD (2001) Humor in der Psychotherapie alter Menschen. In: Hirsch RD, Bruder J, Radebold H (Hg) Heiterkeit und Humor im Alter. Schriftenreihe der Deutschen Gesellschaft für Gerontopsychiatrie und -psychotherapie, Band 2. Stuttgart (Kohlhammer) 81–117.
Hirsch RD, Kranzhoff EU (2004) Humorgruppe mit alten Menschen: Ergebnisse einer therapiebegleitenden Untersuchung. Gruppenpsychother Gruppendynamik 40(2): 106–129.
Junker U (2004) »Schmerz gehört nicht zum Alter dazu«. ProAlter 4: 9–12.
Kant I (1790/2001) Kritik der Urteilskraft. Hamburg (Meiner).
Kröner-Herwig B (2007) Schmerz – eine Gegenstandsbeschreibung. In: Kröner-Herwig B, Frettlöh J, Klinger R, Nilges P (Hg) Schmerzpsychotherapie. Heidelberg (Springer) 7–19.
Lorenz K (1974) Das sogenannte Böse. München (dtv).
McGhee PE (1996) Health, Healing and the amuse system. Humor as survival training. 2.ed. Westmark Drive (Kendall/Hunt Publ.).

Fallzentrierte Arbeiten

McMullen Leise C (1993) The correlation between humor and the chronic pain of arthritis. J Holistic Nursing 11(1): 82–95.

Nikolaus T, Schuler M (2000) Chronischer Schmerz. In: Nikolaus T (Hg) Klinische Geriatrie. Heidelberg (Springer) 376–383.

Rotten J, Shats M (1996) Effects of state humor, experiences, and choice on postsurgical mood and self-medication: A field experiment. J Appl Social Psychol 26: 1994–1998.

Rubinstein H (1985) Die Heilkraft des Lachens. Bern und Stuttgart (Hallwag).

Schaible H-G, Schmidt RF (2005) Nozizeption und Schmerz. In: Schmidt RF, Lang F, Thews G (Hg) Physiologie des Menschen. Heidelberg (Springer) 317–333.

Siegel N-R (2001) Besonderheiten des Schmerzmanagements beim Älteren. Klinikarzt 30(4): 100–1003.

Tölle TR, Berthele A (2007) In: Kröner-Herwig B, Frettlöh J, Klinger R, Nilges P (Hg) (2007) Schmerzpsychotherapie. Heidelberg (Springer) 81–102.

Uber H, Steiner A (2006) Lach dich locker. München (Goldmann).

Wild B (2006) Humor ernst genommen. Nervenheilkunde 25: 562–566.

Zweyer K, Velker B, Ruch W (2004) Do cheerfulness, exhilaration, and humor production moderate pain tolerance? A FACS study. Humor: Int J Humor Research 17: 85–119.

Korrespondenzadresse:
Prof. Dr. phil., Dr. med. Dipl.-Psych. Rolf Dieter Hirsch
Abteilung für Gerontopsychiatrie und -psychotherapie
LVR-Klinik Bonn
Kaiser-Karl-Ring 20
53111 Bonn
E-Mail: *r.hirsch@lvr.de*

Akupunktur im Alter

Christian Schwegler (Münsterlingen)

Zusammenfassung

Akupunktur ist eines der ältesten bekannten Naturheilverfahren. Nachdem sie in den letzten drei Jahrtausenden fast nur in Asien praktiziert und kultiviert wurde, setzt sie sich seit ca. 40 Jahren auch in Europa mehr und mehr als komplementäres Heilverfahren durch. Die Wirksamkeit der Nadelstiche ist immer noch umstritten, obwohl die Studienlage inzwischen deutliche Hinweise auf die Effizienz der Behandlung gibt. Dennoch zeigen auch diese Studien, dass ein Großteil des Heilerfolgs auf Placeboeffekten beruht. Sowohl die spezifische Wirksamkeit der Akupunktur, als auch die erreichten unspezifischen Effekte können zum Besten des Patienten genutzt werden.

Auch in der Altersmedizin findet die Akupunktur erfolgreich Anwendung. Insbesondere bei chronischen und funktionellen Erkrankungen mit geringen strukturellen Defekten zeigt die Akupunktur ihre Stärke.

Stichworte: Akupunktur, TCM, Placebo, Naturheilverfahren, Komplementärmedizin

Abstract: Acupuncture treatment in the elderly

Acupuncture is one of the oldest known naturopathic treatments. In the past three millennia it was only used and refined in Asia. However, in the last 40 years it has been established more and more as a complimentary medicine in Europe. The potency of acupuncture is still disputed, though recent studies showed indications, that it is efficient. Nevertheless, these studies have shown that a good portion of the success was based on the placebo effect. Both, the specific potency of the acupuncture and the unspecific placebo effects should be used for healing.

Acupuncture is efficient in the treatment of the elderly and shows its advantages particularly in the therapy of chronic and functional diseases.

Key words: acupuncture, TCM, placebo, naturopathic treatments, complimentary medicine

Fallzentrierte Arbeiten

Einleitung

Die Akupunktur bildet neben der Phytotherapie, der Diätetik, der Massagetherapie (Tuina) und der Bewegungstherapie (Qi Gong) eine der fünf Säulen der Traditionellen Chinesischen Medizin (TCM). Die TCM ist das älteste durchgängig genutzte medizinische System, welches uns heute zur Verfügung steht. Erste gut dokumentierte Aufzeichnungen des systemischen Hintergrundes der TCM lassen sich dem Buch des Gelben Kaisers entnehmen, welches ca. 300 v. Chr. entstanden ist. Dennoch ist davon auszugehen, dass die Akupunktur deutlich älter als 2.300 Jahre ist und ihren Ursprung nicht unbedingt in China hat. So gibt es heute noch zahlreiche Urvölker in Afrika, die Krankheiten mit Nadelstichen kurieren, und der älteste bekannte Akupunkturpatient wurde 1991 in den Alpen entdeckt. Bei dieser als Ötzi bekannt gewordenen und über 5.000 Jahre alten Gletschermumie konnten blauschwarze Tätowierungsgruppen entdeckt werden, die exakt den klassischen Akupunkturpunkten entsprechen (Dorfer et al. 1999).

Im deutschsprachigen Raum setzte sich die TCM, und hierbei insbesondere die Akupunktur, als das bekannteste Naturheilverfahren seit ca. 40 Jahren mehr und mehr durch. Musste ein Arzt, der sich für diese Heilkunst interessierte, in den 60er Jahren noch sehr weite Strecken in Kauf nehmen, um die Akupunktur erlernen zu können, so werden heute von den großen Fachgesellschaften diverse Wochenendkurse, Akademieveranstaltungen und Abendseminare angeboten, sodass die Akupunktur eine sehr starke Verbreitung gefunden hat. Allein in Deutschland sind zurzeit über 30.000 Ärzte und Heilpraktiker als Akupunkteure tätig.

Die Anwendungsmöglichkeiten der Akupunktur sind mannigfaltig, schließlich wurde in China bis zum letzten Jahrhundert praktisch nur mit der TCM gearbeitet und die westliche Schulmedizin fand erst mit Mao ihren Einzug ins Reich der Mitte. Der Großteil der Akupunkturärzte in Deutschland beschränkt sich aber mit der Therapie der schmerzhaften Erkrankungen von Knie und Rücken auf ein sehr kleines Teilgebiet der TCM. Dies liegt zum einen an der guten Studienlage zur Akupunkturbehandlung dieser beiden Krankheitsbilder und zum anderen, gerade in Deutschland, daran, dass die Patienten finanziell nicht belastet werden: Von den deutschen gesetzlichen Krankenkassen werden die Behandlungskosten bei Knieproblemen und LWS-Beschwerden übernommen. Bei allen anderen Indikationen muss der Patient selbst bezahlen, was bei den durchschnittlichen Behandlungskosten von ca. € 50 pro Sitzung viele Patienten von der TCM-Behandlung zurückschrecken lässt.

Weitere typische Krankheitsbilder, die wegen des guten Ansprechens auf Akupunktur bzw. auf die TCM trotz der fehlenden Kostenübernahme durch die gesetzlichen Krankenkassen häufig behandelt werden, sind Kopfschmerzen, Schlafstörungen, Magen-Darm-Beschwerden und Depressionen. Hierbei ist schnell der Unterschied zwischen der Schulmedizin und der TCM zu erkennen. Während die westliche Medizin ihre Stärken bei den akuten Erkrankungen hat, bei denen man strukturelle Schäden als Ursache findet, welche man durch Messungen objektiv belegen kann, liegen die Stärken der chinesischen Medizin in der Behandlung von funktionellen Beschwerden, die der Patient subjektiv fühlen kann. In dieser Unterschiedlichkeit der Behandlungsmöglichkeiten besteht die Chance, die Schulmediziner ergreifen können, um ihr Spektrum der »Heilwerkzeuge« zu erweitern. Die TCM ist keine Alternativmedizin, sie kann und soll die Schulmedizin nicht ersetzen, sie ist vielmehr eine Komplementärmedizin und soll dazu genutzt werden, die Schulmedizin dort zu ergänzen, wo diese Lücken aufweist.

Wie wirkt die Akupunktur?

Der Streit unter Befürwortern und Gegnern der TCM wird bereits seit vielen Jahren geführt und sicherlich noch sehr lange anhalten, denn das Problem bei den meisten Naturheilverfahren und so auch bei der Akupunktur ist, dass ihre Funktionsweise mit unseren heutigen Forschungsmöglichkeiten nicht erklärbar ist. Es gibt modellhafte Ansätze, dass einige Akupunkturpunkte über Dermatome (d. h. über die nervliche Versorgung von Bereichen der Haut) auf Organe Einfluss nehmen können und andere Akupunkturpunkte starke vegetative Stimulationsreize darstellen, aber einen Nachweis über das Wie und Warum konnte bisher kein Wissenschaftler darlegen. Wenn man also nicht einmal erklären kann, wie etwas funktionieren soll, sondern rein auf Annahmen und empirisch ermittelte Ergebnisse zurückgreifen muss, ist die Skepsis unter westeuropäischen Akademikern erst einmal groß. Zusätzlich zu diesem Problem der mangelnden Beweisbarkeit kommt noch hinzu, dass ein Studienaufbau, der es ermöglichen würde, die Wirksamkeit der Akupunktur zu belegen, sehr schwierig ist. Die Durchführung placebokontrollierter, doppelt verblindeter, randomisierter Studien ist praktisch nicht möglich. Ferner ist eine ausreichend große Studie, die eine statistische Signifikanz ergeben könnte, sehr teuer. Da es aber, wie in der Pharmaindustrie, keine großen Konzerne gibt, die an der Akupunktur Millionen verdienen, werden nur sehr wenige reliable (wiederholbare) und großangelegte Studien durchgeführt. Die Studienlage bleibt dürftig, was den Skeptikern Munition für die Ablehnung des »Fremden« gibt.

Nichtsdestotrotz hat sich in den letzten fünf Jahren von Seiten der veröffentlichten Publikationen einiges verändert. So zeigte die Gerac-Studie in Deutschland, dass Akupunktur bei Migräne, Knieproblemen und Rü-

Fallzentrierte Arbeiten

ckenschmerzen sehr wirksam und bei Rücken- und Knieschmerzen sogar der herkömmlichen Behandlung mit Schmerzmitteln deutlich überlegen ist (Haake et al. 2007, Diener et al. 2006). Der Erfolg dieser Studien wurde allerdings dadurch geschmälert, dass die sogenannte Sham-Akupunktur, also das Stechen mit Nadeln an Punkten, die nicht mit dem eigentlichen Problem in Verbindung gebracht werden, nahezu die gleiche Wirkung erbrachte wie die Verum-Akupunktur. So konnten Kritiker anbringen, dass es sich bei den Akupunkturerfolgen um reine Placebo-Wirkungen handelt. Eine sehr ähnlich aufgebaute Studie, die 2005 im Lancet publiziert wurde und in der andere Sham-Punkte als in der Gerac-Studie benutzt wurden, konnte allerdings deutlich die Überlegenheit der Verum- gegenüber der Sham-Akupunktur aufzeigen. Auch hier war die Sham-Akupunktur der medikamentösen Therapie überlegen. Somit ist ein großer Anteil des Placeboeffektes am Heilerfolg nicht auszuschließen (Witt et al. 2005).

Wie in nahezu allen Bereichen der Medizin gibt es zahllose Studien, die sowohl die Wirksamkeit als auch die Unwirksamkeit eines Heilverfahrens aufzeigen wollen. Um hier ein wenig mehr Licht ins Dunkel zu bringen, wurde 1993 die Cochrane Collaboration gegründet, deren Ziel es ist, die Datenlage von medizinischen Behandlungsverfahren zu untersuchen und systematische Übersichtsarbeiten zu den einzelnen Gebieten zu erstellen. Inzwischen hat sich die Cochrane Library als die sicherste, kritischste und angesehenste Datenbank entwickelt, wenn man sich über den aktuellen Stand der medizinischen Wissenschaft zu einem bestimmten Thema informieren möchte. In den letzten Jahren beschäftigte sich die Cochrane Collaboration mit der Anwendung von Akupunktur bei 32 verschiedenen Krankheitsbildern. Bei 27 untersuchten Erkrankungen ließ die Studienlage keine Rückschlüsse auf die Wirksamkeit der Behandlungen zu, da entweder die Fallzahlen zu gering waren oder der Aufbau der Studien zu wenig aussagekräftig. In fünf Übersichtsarbeiten konnte allerdings eine eindeutige Wirksamkeit der Akupunktur-Behandlung bestätigt werden. Daraus kann gefolgert werden, dass die Zunahme der Akupunkturbehandlungen in den letzten Jahren gerechtfertigt ist (Ernst 2009).

Der Placeboeffekt – eine Form von Psychotherapie?

Einer der Hauptkritikpunkte der Schulmediziner an der Akupunktur ist der sehr ausgeprägte Placeboeffekt. Im Endeffekt kann sogar bei den wissenschaftlich belegten Akupunkturwirkungen von einer Placeboeffektstärke von über 50% ausgegangen werden (Linde et al. 2009). Ein Kritiker sagte einmal, dass man die Akupunkturnadeln auch von einem dressierten Affen irgendwo hinstechen lassen könne und hierfür keinen Arzt brauche. In Wirklichkeit sieht es natürlich anders aus und ein guter TCM-Arzt ist sich des Placebo-Effektes nicht nur bewusst, er nutzt diesen sogar möglichst effizient, um den Behandlungserfolg zu optimieren und letztlich dem Patienten bestmöglich zu helfen. Schließlich bedeutet Placebo »Ich werde gefallen bzw. helfen« und genau das soll die Therapie auch.

Wie erreichen Akupunkturbehandlungen diesen starken Placeboeffekt? Hier spielen diverse Faktoren eine Rolle:

1. *Der Arzt nimmt sich Zeit für den Patienten.* Ein guter TCM-Arzt benötigt ca. eine Stunde für die erste Diagnostik und dann ca. 20 Minuten für eine Akupunktursitzung. Er fragt nach und beschäftigt sich mit dem Problem des Patienten. Aufgrund des niedrigeren Patientenaufkommens und der unterschiedlichen Kostenstrukturen kann sich ein TCM-Arzt viel intensiver mit dem einzelnen Patienten auseinandersetzen als ein niedergelassener Kassenarzt.
2. *Der Arzt berührt den Patienten.* Bei der Akupunktur kommt der Arzt mit dem Patienten in Berührung, um ihn zu heilen. Bei den meisten niedergelassenen Schulmedizinern ist die einzige Arzt-Patienten-Berührung das Händeschütteln. Selbst EKG, Blutentnahmen oder Verbände werden von Helferinnen durchgeführt. In der TCM ist der Arzt persönlich für den Patienten da, um für dessen Genesung zu sorgen.
3. *Der Patient bekommt eine Diagnose.* Wenn die Schulmedizin keinen manifesten Schaden, also keinen messbaren Defekt im Körper darstellen kann, dann bekommt der Patient bestenfalls eine sogenannte »Ausschlussdiagnose« wie z. B. chronische Kopfschmerzen, Reizdarm, Reizmagen, Schlafstörungen oder vegetative Dysfunktionen. Häufig kann gar keine Diagnose gestellt werden. Es ist für einen Patienten sehr schwer, gesund zu werden, wenn er vom Arzt keine Diagnose erfährt. In der chinesischen Medizin wird die Diagnose nicht anhand von messbaren Defekten, sondern basierend auf den Störungen der Funktion entwickelt. Diese gehen oftmals nicht mit strukturellen Defekten einher und sind deshalb nicht messbar. Wenn also irgendeine Funktion gestört ist, gleichgültig ob dies sich durch Schmerzen, Verdauungsprobleme oder Schlaflosigkeit zeigt, dann bekommt die Störung in der TCM einen Namen. Mit einer Diagnose gibt es auch ein Behandlungskonzept.
4. *Der Patient wird über die Heilung aufgeklärt.* Nachdem ein Patient seine Diagnose bekommen hat, erklärt ihm der Arzt auch genau, wie man diese Störung beheben kann und wie man gemeinsam die Krankheit heilt. Damit wird der Genesungsprozess eingeleitet. Der Körper »darf« jetzt heilen. Das ist ein sehr großer Unterschied zur Schulmedizin, die bei chronischen funktionellen Erkrankungen den Patienten spüren lässt, dass er sich mit seinem Leiden abfinden muss, da z. B. keine pathologischen Laborbefunde vorliegen.

Fallzentrierte Arbeiten

Akupunkturbehandlungen bei alten Menschen

Bei über 30.000 Akupunkteuren in Deutschland gibt es weniger als 1.000 Ärzte, die sich wirklich auf Akupunktur spezialisiert haben. Fast alle Ärzte nutzen die Akupunktur sonst nur als Zweit- oder Drittverfahren zur Ergänzung ihres Angebotes. Es gibt auch nur wenige Ärzte, die sich spezifisch mit der Behandlung von alten Patienten bzw. mit der Behandlung von Erkrankungen beschäftigen, die vermehrt im Alter auftreten. Konsens in Expertenrunden ist die Annahme, dass die Akupunktur Selbstheilungskräfte im Menschen anregt und das Immunsystem stärkt und stabilisiert. Je reagibler das zu akupunktierende System ist, desto schneller und effektiver wird der Heilungserfolg sein. Legt man diese Annahme zugrunde, profitieren Kinder am meisten von der Akupunktur. Mit zunehmendem Alter und mit abnehmender Immunkompetenz und Reaktionsfähigkeit wird auch der Akupunkturerfolg schwächer. Es ist belegt, dass man bei Kindern deutlich weniger Sitzungen und deutlich schwächere Reize (z.B. in Form von Laserakupunktur anstelle von Nadelakupunktur) benötigt, um einen Heilerfolg zu bewirken (Libonate at al. 2008). Trotzdem werden gerade die Über-60-Jährigen am häufigsten in spezialisierten Praxen für TCM behandelt. Dies resultiert zum einen daraus, dass Menschen dieser Altersgruppe häufiger als jüngere Menschen zum Arzt gehen, zum andern aber auch gerade daraus, dass die Schulmedizin für viele Krankheiten älterer Menschen keine suffizienten Lösungen anbieten kann. Diese Patienten sind sehr glücklich, wenn ihnen der TCM-Arzt eine Linderung ihrer Probleme anbieten kann, selbst wenn der Heilungsweg etwas länger ist und bei chronischen Erkrankungen teilweise auch lebenslang sein kann.

Im Folgenden soll an einigen Fallbeispielen exemplarisch dargestellt werden, welche Möglichkeiten die Akupunkturtherapie bei alten Menschen bietet:

Fall 1

Eine 87-jährige Frau begann erstmals in ihrem Leben unter starken Depressionen zu leiden. Nachdem ihr Antidepressiva nicht weiterhalfen und ihr Mann (90 Jahre alt) bereits seit einigen Jahren wegen Rückenschmerzen in Akupunkturbehandlung war, beschloss sie im Alter von 89, einmal die TCM zu probieren. Bei der einstündigen Diagnostik, bei der Schlaflosigkeit, Herzklopfen, eine rote Zungenspitze und eine Schwäche im »Herzpuls« festgestellt wurden, wurde die TCM-Diagnose »Herz-Qi-Mangel« gestellt. Diese Krankheit wurde dann mit herzstärkenden Kräutern (Tian Wang Bu Xin Dan) und Körperakupunktur (He7, Pe6, KG14, Mi6, LG20, Bl15) behandelt. Nach fünf Behandlungen konnte die Patientin besser schlafen. Nach der siebten Behandlung hörte das Herzklopfen auf und kurze Zeit später bemerkte die Patientin, dass ihre Stimmung deutlich aufgehellt war.

Fall 2

Eine 70-jährige, sehr gebildete Rentnerin, die seit ihrer Menopause unter starken Migräneattacken litt, entschloss sich nach vielen erfolglosen schulmedizinischen Behandlungsversuchen, die Akupunktur auszuprobieren. Die chinesische Syndromdiagnostik ergab bei dieser Patientin eine sogenannte »Leber-Qi-Stagnation«. Dies ist eine sehr häufige Erkrankung, die besagt, dass der Fluss der Energie im Körper blockiert ist. Immer wenn das Qi stagniert, führt dies nach dem chinesischen Krankheitsmodell zu Schmerzen. Bei dieser Patientin wurde nur Akupunktur durchgeführt (Le3, Le14, Di4, Gb41, Ma44, Yin Tang, Tai Yang, Gb 20, LG20, Bl18). Die Migräneattacken gingen innerhalb von drei Monaten von zwei bis drei Anfällen pro Woche auf ein bis zwei Anfälle pro Monat zurück. Ein kleiner, aber sehr interessanter Nebeneffekt zeigte sich, als die Patientin zum Ende der Behandlungen ihre Laborbefunde vor und nach der Therapie verglich. Sowohl der Cholesterinwert als auch die vorher hoch liegenden Werte der γ-GT und der Alkalischen Phosphatase (AP) waren um mehr als 20% gesunken und lagen nach der Behandlung im Normalbereich. Um den Behandlungserfolg zu erhalten, beschloss die Patientin, sich weiterhin regelmäßig akupunktieren zu lassen.

Fall 3

Eine 83-jährige Frau, die seit einigen Jahren unter einer zunehmenden Polyneuropathie (PNP) litt, entschloss sich dazu, Naturheilverfahren auszuprobieren, da ihr der Neurologe nicht mehr weiterhelfen konnte. Zu diesem Zeitpunkt hatte sie nachts ein leichtes Brennen in den Füßen und leichte Kribbelparästhesien bis zu den Fußknöcheln. Hier wurde eine »Nieren-Qi-Schwäche« festgestellt, und die Patientin wurde mit nierenstärkenden Kräutern behandelt. Ferner erhielt die Patientin Wärmebehandlungen mit Moxa auf den Punkt Ni3 sowie Akupunkturbehandlungen an den Punkten Mi6, Ma36, KG4, KG6, Bl23, Bl52, LG4. Zusätzlich wurde Reizstrom an die Punkte Gb34 und Gb39 angelegt. Nach drei Monaten zeigte sich keine Veränderung am eigentlichen Befund, aber die Patientin gab an, sich insgesamt besser zu fühlen, und wollte die Therapie fortsetzen. Nach einem halben Jahr war immer noch keine sichere Veränderung eingetreten, aber *die Patientin war mit den positiven Effekten im Bezug auf ihr allgemeines Wohlbefinden sehr zufrieden. Auch nach einem Jahr hatten sich immer noch nichts am Befund geändert, aber die Patientin gab an, dass sie sehr glücklich mit der Behandlung sei. Die Behandlung sei ein voller Erfolg und sie wolle unbedingt weiter behandelt werden. Der Grund ihrer Zufriedenheit lag auch darin, dass ihre Zwillingsschwester nahezu gleichzeitig wie sie an einer PNP erkrankt war und sich der Befund bei ihr in den vergangenen 12 Monaten deutlich weiter verschlechtert hatte. Bei unserer Patientin zeigte sich also der Erfolg darin, dass das Fortschreiten der Erkrankung und eine Verstärkung der Symptome verhindert worden waren.*

Die Erkenntnis, dass viele Krankheiten sich zwar mit Akupunktur nicht heilen lassen, deren Fortschreiten aber aufgehalten oder zumindest verlangsamt wird, zeigt sich häufig in den Bereich der Neurologie und der Ophthalmologie.

Fazit

Obwohl die Akupunktur das älteste bekannte Heilverfahren ist, steckt sie wissenschaftlich gesehen noch in den Kinderschuhen. Es gibt nur sehr wenige gut angelegte Studien, welche die Wirksamkeit der Nadelstiche belegen, was zum einen am schwierigen Studiendesign und zum anderen am fehlenden Geld für große Studien liegt. Ärzte, welche die Akupunktur als Teil der TCM anwenden, und die meisten Patienten, die sie erhalten, merken, dass Akupunktur hilft. Ein großer Anteil dieser Wirksamkeit mag auf den Placeboeffekt zurückgehen. Der positive Effekt ist für die Patienten aber wichtiger, als zu wissen, ob der Erfolg am Ende durch die Zuwendung des Arztes, den Glauben an eine Heilung oder die Stahlnadel bewirkt wird. Insofern sollte man als Schulmediziner durchaus einmal darüber nachdenken, ob man die Patienten, denen man mit dem eigenen Handwerkszeug nicht weiterhelfen kann, zu einem TCM-Arzt überweist oder sich selbst in diesem Heilverfahren weiter ausbildet.

Literatur

Diener H, Kronfeld K, Boewing G, Lungenhauser M, Maier C, Molsberger A, Tegenthoff M, Trampisch H, Zenz M, Meinert R, GERAC Migraine Study Group (2006) Efficacy of acupuncture for the prophylaxis of migraine: a multicentre randomised controlled clinical trial. Lancet Neurol 5(4): 310–316.
Dorfer L, Moser M, Bahr F, Spindler K, Egarter-Vigl E, Giullen S, Dohr G, Kenner T (1999) A medical report from stone Age? Lancet 354(9183): 1023–1025.

Haake M, Müller H, Schade-Brittinger C, Basler H, Schäfer H, Maier C, Endre H, Trampisch H, Molsberger A (2007) German Acupuncture Trials (GERAC) for chronic low back pain: randomized, multicenter, blinded, parallel-group trial with 3 groups. Arch Intern Med 167(17): 1892–1898.

Ernst E (2009) Acupuncture: What does the most reliable evidence tell us? J Pain Symptom Manage 37(4): 709–714.

Libonate J, Evans S, Tsao J (2008) Efficacy of acupuncture for health conditions in children: a review. Scientific World Journal 8: 670–682.

Linde K, Allais G, Brinkhaus B, Manheimer E, Vickers A, White A (2009) Acupuncture for tension-type headache. Cochrane Database Sys Rev(1):CD007587.

Witt C, Brinkhaus B, Jena S, Linde K, Streng A, Wagenpfeil S, Hummelsberger J, Walther H, Melchart D, Willich S (2005) Acupuncture in patients with osteoarthritis of the knee: a randomised trial. Lancet 366(9480):136–143.

Korrespondenzadresse:
Christian Schwegler
Psychiatrische Klinik Münsterlingen
CH 8596 Münsterlingen
E-Mail: *christian.schwegler@stgag.ch*

Klingelts?

Tinnitus ist kein Schicksal - Helfen Sie sich, helfen Sie Anderen! Werden Sie Mitglied bei www.tinnitus-liga.de

Tun Sie sich selbst was Gutes – Selbsthilfe bei Tinnitus in der DTL

Tinnitus stellt in ca. 30 % aller Fälle eine schwere psychische Belastung dar. Dies entspricht bei drei Millionen Tinnitus-Betroffenen in Deutschland ca. 1.000.000 Menschen.

Die Deutsche Tinnitus-Liga bietet:
- Informationen rund um das Ohr
- Beratung (persönlich, telefonisch, schriftlich)
- Arztsprechstunden
- sozialrechtliche Anwaltssprechstunden

- Psychologensprechstunden
- Facharbeitskreise
- ehrenamtliche Beratung
- örtliche Selbsthilfegruppen
- allgemeine Beratung zu Schwerbehinderung, Berufsunfähigkeit, Reha-Maßnahmen u. v. m.

Testen Sie Ihre Tinnitusbelastung
- online mit dem Mini-Tinnitus-Fragebogen (www.tinnitus-liga.de/testbg.htm)
- mit dem ausführlichen Tinnitus-Fragebogen mit persönlicher, schriftlicher Auswertung www.tinnitus-liga.de/berat.htm)

Gemeinnützige Selbsthilfeorganisation gegen Tinnitus, Hörsturz und Morbus Menière

Deutsche Tinnitus-Liga e. V. (DTL)

Informationen:
Deutsche Tinnitus-Liga e.V.
Postfach 210351
42353 Wuppertal
Tel.: 02 02 / 2 46 52-0
Fax: 02 02 / 2 46 52-20
E-mail: dtl@tinnitus-liga.de
Homepage: www.tinnitus-liga.de

Schmerzassessment bei Menschen mit Demenz – Eine Übersicht

Matthias Schuler (Mannheim)

Zusammenfassung

Die Eigenauskunft des Betroffenen stellt auch bei Menschen mit Demenz den »Goldstandard« zur Erfassung von Schmerzen dar. Es ist empfehlenswert, bei diesen Menschen auch bereits bei akuten Schmerzen ein multidimensionales Schmerzassessment in Interviewform durchzuführen, das sowohl schmerzspezifische (Lokalisation, Qualität und Quantität) und funktionelle Erkenntnisse (vor allem Alltagskompetenz, Mobilität, Kognition) beinhaltet. Erst wenn die Kommunikation über Schmerzen nicht mehr möglich ist, ist die Erfassung von Schmerzen durch Fremdbeobachtung am Besten mit validierten Instrumenten notwendig. Deutschsprachige Instrumente zur Schmerzerfassung werden in diesem vorgestellt und diskutiert.

Stichworte: Schmerz, Demenz, Schmerzassessment, Lebensqualität

Abstract: Pain assessment for people with dementia – An overview

The personal information of the affected people constitutes the »gold standard« of measuring pain among people with dementia. For these people it is recommended to carry out a multidimensional pain assessment in the form of interviews during acute pain. This assessment should include both pain specific (localisation, quality, and quantity) and functional conclusions (especially daily routine competence, mobility, cognition). Measuring pain by observing with validated instruments only becomes necessary when communication about pain is no longer possible. This paper introduces and discusses German speaking instruments for measuring pain.

Key words: pain, dementia, pain assessment, quality of life

Schmerzdiagnostik im Alter

Einleitung

Nicht jeder wird an einer Demenz erkranken, wenn er nur lange genug lebt. Trotzdem sind die demenziellen Erkrankungen neben dem Schlaganfall die Alterserkrankungen, die die selbstständige Lebensführung Älterer am stärksten bedrohen.

Etwa 23% der 85- bis 89-jährigen Menschen in Deutschland leiden unter einer Demenz. Bei Menschen, die älter als 90 Jahre sind, liegt der Anteil sogar bei 34%. Derzeit leben in Deutschland etwa 1,2 Millionen Demenzkranke. Die Zahl soll sich bis 2030 verdoppeln. Verlässliche Daten zu Schmerzen bei Hochaltrigen (>80–85 Jahre) stehen für Deutschland immer noch nicht zur Verfügung, zum einen, weil in vielen epidemiologischen Untersuchungen diese Altersgruppe nicht berücksichtigt wurde, zum anderen, weil Schmerzen sehr unterschiedlich definiert werden (zeitliche Dimension, Intensität, Beeinträchtigung durch Schmerzen etc.). Die Erfassung von Schmerzen bei Älteren insbesondere mit Demenz ist zeitlich aufwendig und in aller Regel nur in Interviewform valide. Selbst auszufüllende Fragebogen werden aufgrund sensorischer und kognitiver Beeinträchtigungen nur sehr unzulänglich beantwortet. In geriatrischen Einrichtungen geben ca. 40% der Patienten Schmerzen an. In Pflegeheimen leiden 40 bis 80% der Menschen an dauerhaften Schmerzen. Die Wahrscheinlichkeit, dass Demenz und Schmerz gemeinsam auftreten, ist demnach sehr hoch.

Sowohl die Diagnose einer Demenz als auch eines Schmerzproblems wird in aller Regel durch eine gewissenhafte Eigen- und Fremdanamnese gestellt. Psychologische Tests, laborchemische und technische Untersuchungen können die Ätiologie einer Demenz eingrenzen. Bei der Ursachenklärung von Schmerzen helfen vor allem die klinischen und technischen Untersuchungen. In vorliegenden Beitrag werden die Möglichkeiten eines aussagekräftigen Schmerzassessments bei Älteren mit einer Demenz aufgezeigt und die dabei auftretenden Probleme diskutiert.

Häufig nach Schmerzen fragen

Im Gegensatz zur gängigen Auffassung, dass Ältere viel über ihre Beschwerden klagen, ist wissenschaftlich belegt, dass Ältere, insbesondere mit Demenz, eher seltener Schmerzen spontan äußern. Folgende Auffassungen werden von den Betroffenen als Gründe dafür genannt:

➤ Schmerzen als natürliche Konsequenz des Alterns,
➤ Schmerzen als Metapher für eine schwere Erkrankung oder den bevorstehenden Tod,

➤ Schmerzen als Sühne für vergangene Taten,
➤ Schmerzen als eigene Schwäche,
➤ Schmerzen als positive Herausforderung,
➤ Angst vor invasiver Diagnostik und Therapie,
➤ Angst vor Kontrollverlust,
➤ Angst vor Nebenwirkungen der Therapie,
➤ Angst vor Abhängigkeit,
➤ »Schließlich klagt ein ›guter‹ Mensch nicht über seine Beschwerden«.

Dazu kommen häufig Kommunikations- und Gedächtnisprobleme. Deshalb ist die vielleicht wichtigste Maßnahme, um die Schmerzsituation Älterer zu verbessern, das häufige Fragen nach Schmerzen. Eine leitliniengestützte Empfehlung, wann und wie häufig nach Schmerzen beispielsweise in Einrichtungen der Altenhilfe gefragt werden sollte, existiert noch nicht (ist aber in Arbeit unter Leitung des Arbeitskreises »*Schmerz und Alter*« der *Deutschen Gesellschaft zum Studium des Schmerzes*). Es scheint sinnvoll zu sein, bei jeder Neuaufnahme in ein Pflegeheim oder in ein Krankenhaus explizit nach Schmerzen zu fragen. Auch beim ambulanten Arzt-Patienten-Kontakt ist die regelmäßige Frage nach Schmerzen zu empfehlen.

Kognitive Beeinträchtigung und Schmerzen (akut versus chronisch)

Befunde zur Frage, wie demenzielle Erkrankungen die Schmerzwahrnehmung bei akuten und chronischen Schmerzen beeinflussen, sind unzureichend. Bisherige experimentelle Ergebnisse deuten darauf hin, dass die Schmerzschwelle unter dem Einfluss der Alzheimer-Demenz weitgehend unverändert bleibt, während die Schmerztoleranzschwelle deutlich erhöht wird und die vegetativen Schmerzreaktionen teilweise erheblich zurückgehen (Kunz u. Lautenbacher 2003).

Eigene vergleichende klinische Untersuchungen (Schuler et al. 2004) bei multimorbiden geriatrischen Patienten bestätigen zunächst die bei Jüngeren bekannten Unterschiede chronischer gegenüber akuten Schmerzen. Chronische Schmerzen sind multilokulärer (also an mehreren Körperstellen), die Schmerzbeschreibung ist vielfältiger, sie gehen häufiger mit depressiven Symptomen und Schlafstörungen einher und es werden stärkere Analgetika eingesetzt, wobei nur eine geringere Reduktion der Schmerzintensität während der Behandlung erreicht wird. Kommen kognitive Beeinträchtigungen hinzu, fällt es den Patienten schwerer, bei akuten Schmerzen eindeutig *einen* umschriebenen Schmerzort zu benennen (diffuse Schmerzlokalisation). Insgesamt können ältere Schmerzpatienten den Charakter ihrer Schmerzen schlechter beschreiben. Hingegen erscheint die Schmerzintensität (sensorische Dimension) unabhängig von der Schwere der Demenz zu sein, zumindest bei den Menschen, die eine Intensitätseinschätzung noch durchführen können.

Grundregeln für das Schmerzassessment bei demenziell Erkrankten

Ohne Zweifel ist die Informationsgewinnung (Anamnese etc.) bei älteren Menschen mit Demenz zeitintensiver als bei Jüngeren. Dies sollte aber nicht dazu führen, aufgrund vager Vermutungen potenziell gefährliche Therapien einzuleiten oder in diagnostischen und therapeutischen Nihilismus zu verfallen. Vielfach sind alle notwendigen Informationen durch eine Eigen- und Fremdanamnese zu erfahren, wenn das Schmerzassessment den sprachlichen, sensorischen und kognitiven Gegebenheiten des Betroffenen angepasst wird. Die einfachste Form, nach Schmerzen zu fragen, sind Fragen, die mit ja oder nein beantwortet werden können, sich auf die momentane Situation beziehen und die in der dem Patienten vertrauten (Umgangs-)Sprache gestellt werden. Wenn man diese Fragen bewusst sowohl in einer Ruhe- wie auch in einer Aktivitätssituation stellt, kann man zusätzliche Informationen über die Bewegungsabhängigkeit der Schmerzen erhalten.

Der Begriff Schmerz, obgleich ein abstrakter Begriff, scheint nach eigener Erfahrung bei vielen, auch schwerer dementen Menschen noch in seiner Bedeutung richtig verstanden zu werden. Vermeiden sollte man das Fragen nach Schmerzen in den letzten Tagen oder in den letzten Wochen, da Defizite im Bereich des Kurzzeitgedächtnisses als Kardinalsymptom der Diagnose Demenz gelten. Auch die Differenzierung von durchschnittlichem, maximalem oder minimalem Schmerzniveau fällt bereits Menschen mit nur geringen kognitiven Einschränkungen in aller Regel schwer. Unter Berücksichtigung dieser Punkte kann man selbst von Menschen mit mittelschwerer Demenz, die noch kommunikationsfähig sind, valide Auskünfte über ihre aktuelle Schmerzsituation erhalten (Pautex et al. 2006).

Schmerzen und Funktionalität

Für eine suffiziente Behandlung werden Auskünfte zu Schmerzen (Ort, Charakter, Verlauf etc.) benötigt. Zudem sind Kognition, Alltagskompetenz, emotionales Befinden und soziales Netzwerk von Bedeutung. Ein Vorschlag zur Erfassung dieser verschiedenen Dimensionen auch bei multimorbiden und kognitiv Beeinträchtigten hat der Arbeitskreis »*Schmerz und Alter*« der *Deutschen Gesellschaft zum Studium des Schmerzes* erarbeitet (Basler et al. 2001). Ursprünglich war das Instrument für chronische Schmerzpatienten gedacht. Die Erfahrung zeigt, dass auch bei akuter Schmerzsymptomatik der Einsatz dieses Instruments für die Diagnostik und Therapie wertvolle Informationen liefert. Hier werden alle relevanten schmerzbezogenen Informationen und orientierend alle wichtigen Funktionen (Kognition, Alltagskompetenz, Depressivität) erfasst. Erfahrungen mit diesem multidimensionalen Schmerzassessment liegen für multimorbide Ältere (>75 Jahre) vor. Bis zur mittelschweren kognitiven Beeinträchtigung (Minimentalstatus nach Folstein >10 Punkte) können häufig alle Dimensionen des Instruments von kommunikativen Schmerzpatienten in Interviewform erfasst werden. Einen Auszug der erfragten Dimensionen zeigt die folgende Auflistung.

Wesentliche Fragen des Schmerzinterviews für geriatrische Patienten (kursiv sind die Fragen markiert, deren Beantwortung auch kommunikativen geriatrischen Patienten (ca. 5–10%) Schwierigkeiten bereiten):

➤ Bitte geben Sie mir an, ob Sie in den folgenden Körperteilen Schmerzen haben oder nicht. Haben Sie Schmerzen in ….? (Liste mit 14 Körperregionen)
➤ *Fühlen Sie den Schmerz, der Ihnen am meisten weh tut, oberflächlich oder in der Tiefe?*
➤ Wie stark war Ihr Schmerz in den letzten sieben Tagen dort, wo es Ihnen am meisten weh tut? *(11er-numerische Schätzskala* oder 4er-verbale Deskriptorenskala*)*
➤ *Seit wann haben Sie die Schmerzen, die Ihnen am meisten weh tun?* (vier Antwortmöglichkeiten)
➤ Wie treten Ihre Schmerzen auf? Sind sie dauernd vorhanden oder anfallsweise? (drei Antwortmöglichkeiten)
➤ Was verstärkt und was lindert Ihre Schmerzen? (acht Möglichkeiten; u.a. *Stress*)
➤ Wie oft wurden Sie in den letzten sieben Tagen von Ihren Schmerzen gequält? (sechs Antwortmöglichkeiten)
➤ Können Sie …
    … sich selbst anziehen?
    … mindestens eine Treppe steigen?

> ... selbst einkaufen gehen?
> ... gemeinsam mit anderen etwas unternehmen? (jeweils drei Antwortmöglichkeiten)
> ➤ Wie viele Stunden liegen Sie am Tag in der Zeit zwischen 7.00 Uhr und 22.00 Uhr?
> ➤ Fühlen Sie sich oft traurig und niedergeschlagen? (zwei Antwortmöglichkeiten)
> ➤ Können Sie selbst etwas tun, um Ihre Schmerzen zu verringern? (zwei Antwortmöglichkeiten)
> ➤ *Wie viel Hoffnung haben Sie, dass Ihre Schmerzen in Zukunft besser werden?* (drei Antwortmöglichkeiten)

Bei der Graduierung von Beschwerden (z. B. Schmerzintensität) soll nach Konsens der IMMPACT-Gruppe (Dworkin et al. 2005), der auch in dem oben erwähnten deutschsprachigen, multidimensionalen Schmerzassessment umgesetzt wurde, zunächst die 11er-numerische Schätzskala angewendet werden. Falls diese von Patienten nicht beantwortet werden kann (bei geriatrischen Patienten immerhin von ca. 50%), wird der Einsatz einer verbalen Skala mit vier Schmerzstärken (keine – schwache – mäßige – starke Schmerzen) mithilfe einer schriftlichen Vorlage empfohlen. Hiermit können ca. 85% der Patienten einer geriatrischen Klinik Auskunft zu ihrer aktuellen Schmerzstärke machen. Natürlich sollte im Verlauf immer die gleiche Skala benutzt werden.

Fremdeinschätzung von Schmerzen

Gerade die Schmerzintensität wird von den älteren Schmerzpatienten selbst häufig anders eingeschätzt als durch Angehörige oder durch professionelle Pflegekräfte. Wir konnten bei einem geriatrischen Team zeigen (Schuler et al. 2001), dass das Wissen um ein Schmerzproblem u. a. stark von der beruflichen Qualifikation abhängt. Dabei scheinen Altenpflegerinnen und Altenpfleger besonders gut über die Schmerzen ihrer Patienten Bescheid zu wissen. Bei allen Berufsgruppen eines geriatrischen Teams (Ärzte, Physiotherapeuten, Ergotherapeuten, Logopäden, Pflegetherapeuten etc.) nimmt das Wissen um Schmerzen besonders durch häufige Wechsel in der Betreuung ab. Bei der o. g. Untersuchung aus dem Jahr 2000 stimmten erst drei gleichgerichtete Aussagen zum Vorhandensein von Schmerzen mit der Aussage des Patienten zuverlässig überein. Es ist zu erwarten, dass durch den Einsatz von Assessmentinstrumenten diese ernüchternden Ergebnisse sich deutlich verbessern lassen. Deshalb erscheint die Empfehlung (Moers et al. 2004) nach einer dokumentierten, engmaschigen Überwachung des Schmerzverlaufs in Form von Intensitätseinschätzungen durch den Patienten selbst, unterstützt durch die versorgenden Personen, gerade bei Menschen mit Schmerzen und Demenz richtig. Erst wenn die Eigeneinschätzung nicht mehr möglich ist, sollten Fremdeinschätzungen am besten mit validierten Instrumenten genutzt werden. Sicherlich wird es eine Übergangsphase im Verlauf der Demenz geben, in der man beides, nämlich Eigen- und Fremdeinschätzung, nutzt und miteinander abgleichen kann.

Schmerzerfassung bei schwerer Demenz und Kommunikationsbeeinträchtigung

Mit zunehmender kognitiver Beeinträchtigung und reduzierter Kommunikationsfähigkeit gewinnt die Verhaltensbeobachtung durch versorgende Angehörige, geschulte Pflegekräfte, Therapeuten und Ärzte an Bedeutung. Eine ausschließliche Fremdeinschätzung, die nicht auf valide Beobachtungskriterien beruht, sollte nur in Ausnahmefällen (z. B. Auskunft der Angehörige über den bisherigen Schmerzverlauf bei Erstkontakt) angewendet werden. Die Herausforderung in dieser Situation liegt darin, dass Schmerzsensationen bei Patienten, die an einer Demenz erkrankt sind, in Verhaltensauffälligkeiten münden, die von Beobachtern als Schmerz interpretiert werden müssen.

Für die Erfassung der Schmerzen bei solchen Patienten liegen inzwischen gerade im englischsprachigen Raum viele Vorschläge vor. Für den deutschsprachigen Raum sind momentan nach Kenntnisstand des Autors drei Instrumente wissenschaftlich untersucht, die hier beschrieben werden (www.dgss.org –Arbeitskreis »*Schmerz und Alter*«). Vor allem zwei Instrumente sind zu empfehlen, da beide nach den üblichen Kriterien aus dem Englischen bzw. Französischen übersetzt und in deutschsprachigen Pflegeheimen und Krankenhäusern auf ihre Güte geprüft und publiziert wurden. Die Beobachtungsskalen messen eher das emotionale Schmerzverhalten als die sensorische Dimension (Intensität). Es ist momentan noch Gegenstand der Diskussion, ob durch die Beobachtungsskalen auch die Schwere des Schmerzproblems wiedergeben wird. Auch kann momentan nicht abschließend beantwortet werden, welche Skala in welcher Situation und bei welcher Demenz bevorzugt werden sollte. Durch das Fehlen eines vergleichenden Goldstandards (Eigenauskunft) kann bei jeder Skala in Frage gestellt werden, ob sie tatsächlich Schmerzen misst. Die meisten

Befunde liegen bei Patienten mit Alzheimer-Demenz vor. Bei Menschen mit schwerer Demenz ließ sich allerdings meist die Ätiologie der Demenz nicht mehr klar definieren.

Beurteilung von Schmerzen bei Demenz *(BESD)*

Grundlage für die *BESD-Skala* ist die amerikanische *PAINAD-Scale (Pain Assessment in Advanced Dementia*, Warden et al. 2003). Der Arbeitskreis *»Schmerz und Alter«* übersetzte sie 2006 ins Deutsche und überprüfte die Gütekriterien in mehreren Schritten (Basler et al. 2006, Schuler et al. 2007). Mit der *BESD-Skala* lassen sich insgesamt fünf Verhaltensreaktionen bei einem Patienten beobachten:
➤ Atmung,
➤ negative Lautäußerungen,
➤ Körperhaltung,
➤ Mimik und die
➤ Reaktion des Patienten auf Trost.

Für jede Kategorie können die Pflegenden einen Wert zwischen null und zwei Punkten vergeben, wobei null für keine und zwei für die stärkste Verhaltensreaktion steht. Maximal können die beurteilenden Pflegenden also zehn Punkte vergeben. Bei einem Punktwert von 6 und mehr Punkten ist das Vorhandensein von Schmerzen sehr wahrscheinlich. Die Beobachtung sollte ca. zwei Minuten dauern und in einer eindeutig definierten Situation (Ruhe oder Mobilisation) erfolgen. Die Validität dieser Skala wurde bisher dadurch belegt, dass die Ergebnisse nicht mit anderen Verhaltensauffälligkeiten (Aggressivität, Depressivität etc.) korrelieren (Schuler et al. 2007) und dass der Punktwert nach der Einnahme von Analgetika sinkt (Basler et al. 2006). Die letztgenannte Untersuchung war allerdings zum Untersucher hin nicht verblindet.

Momentan läuft eine randomisierte, multizentrische Doppelblindstudie, in der das Ansprechen der *BESD-Skala* auf Analgetika untersucht wird.

Beobachtungsinstrument für das Schmerzassessment bei alten Menschen mit Demenz *(BISAD)*

Seit ihrer Entwicklung 1992 in Frankreich *(ECPA: Echelle comportemental de la douleur pour personnes agées non communicantes)* wurde die Skala in mehreren Schritten von 11 auf 8 Kategorien gekürzt. Mit der deutschsprachigen

BESD
BEurteilung von Schmerzen bei Demenz

Beobachten Sie den Patienten/die Patientin zunächst zwei Minuten lang. Dann kreuzen Sie die beobachteten Verhaltensweisen an. Im Zweifelsfall entscheiden Sie sich für das vermeintlich beobachtete Verhalten. Setzen Sie die Kreuze in die vorgesehen Kästchen. Mehrere positive Antworten (außer bei Trost) sind möglich. Addieren Sie nur den jeweils höchsten Punktwert (maximal 2) der fünf Kategorien.

Name des/der Beobachteten: ....

Ruhe
Mobilisation und zwar durch folgender Tätigkeit: ....

Beobachter/in: ....

1. Atmung (unabhängig von Lautäußerung)	nein	ja	Punktwert
• normal	☐	☐	0
• gelegentlich angestrengt atmen	☐	☐	1
• kurze Phasen von Hyperventilation (schnelle und tiefe Atemzüge)	☐	☐	
• lautstark angestrengt atmen	☐	☐	
• lange Phasen von Hyperventilation (schnelle und tiefe Atemzüge)	☐	☐	2
• Cheyne Stoke Atmung (tiefer werdende und wieder abflachende Atemzüge mit Atempausen)	☐	☐	
2. Negative Lautäußerung			
• keine	☐	☐	0
• gelegentlich stöhnen oder ächzen	☐	☐	1
• sich leise negativ oder missbilligend äußern	☐	☐	
• wiederholt beunruhigt rufen	☐	☐	
• laut stöhnen oder ächzen	☐	☐	2
• weinen	☐	☐	
Zwischensumme 1			

Pain Assessment in Advanced Dementia (PAINAD) Scale Warden, Hurley, Volicer et al. 2003
© 2007der deutschen Version Matthias Schuler, Diakonie-Krankenhaus, Mannheim, Tel: 0621 8102 3601, Fax: 0621 8102 3610; email: M.Schuler@diako-ma.de
Nicht – kommerzielle Nutzung gestattet. Jegliche Form der kommerziellen Nutzung, etwa durch Nachdruck, Verkauf oder elektronische Publikation bedarf der vorherigen schriftlichen Genehmigung, ebenso die Verbreitung durch elektronische Medien.
Fassung Dezember 2008

Schmerzdiagnostik im Alter

Name des/der Beobachteten: ....

3. Gesichtsausdruck	nein	ja	Punktwert
• lächelnd oder nichts sagend	☐	☐	0
• trauriger Gesichtsausdruck	☐	☐	
• ängstlicher Gesichtsausdruck	☐	☐	1
• sorgenvoller Blick	☐	☐	
• grimassieren	☐	☐	2
4. Körpersprache			
• entspannt	☐	☐	0
• angespannte Körperhaltung	☐	☐	
• nervös hin und her gehen	☐	☐	1
• nesteln	☐	☐	
• Körpersprache starr	☐	☐	
• geballte Fäuste	☐	☐	
• angezogene Knie	☐	☐	2
• sich entziehen oder wegstoßen	☐	☐	
• schlagen	☐	☐	
5. Trost			
• trösten nicht notwendig	☐	☐	0
• Ist bei oben genanntem Verhalten ablenken oder beruhigen durch Stimme oder Berührung möglich?	☐	☐	1
• Ist bei oben genanntem Verhalten trösten, ablenken, beruhigen nicht möglich?	☐	☐	2
Zwischensumme 2			
Zwischensumme 1			
Gesamtsumme von maximal 10 möglichen Punkten			__/10

Andere Auffälligkeiten:
....
....
....
....

Pain Assessment in Advanced Dementia (PAINAD) Scale Warden, Hurley, Volicer et al. 2003
© 2007der deutschen Version Matthias Schuler, Diakonie-Krankenhaus, Mannheim, Tel: 0621 8102 3601, Fax: 0621 8102 3610; email: M.Schuler@diako-ma.de
Nicht – kommerzielle Nutzung gestattet. Jegliche Form der kommerziellen Nutzung, etwa durch Nachdruck, Verkauf oder elektronische Publikation bedarf der vorherigen schriftlichen Genehmigung, ebenso die Verbreitung durch elektronische Medien.
Fassung Dezember 2008

BISAD-Skala werden Menschen vor und während einer Mobilisation mit jeweils 4 allerdings unterschiedlichen Kategorien beobachtet (in Ruhe: Mimik, Körperhaltung, Reaktion auf spontane Bewegung, Beziehung zu anderen; bei bewusster Mobilisation: Angst, Reaktion auf Mobilisation, Reaktion bei Versorgung der schmerzhaften Region, Klagen). Bei dieser Skala können 0 bis 4 Punkte für jede Kategorie vergeben werden. Die Praxistauglichkeit wurde bisher hauptsächlich in Pflegeheimen bewiesen. Die Ergebnisse der Validitätsprüfung (Fischer 2009) stützen die Annahme, dass die *BISAD-Skala* eine Konstruktvalidität besitzt. Die eher schwache interne Konsistenz deutet darauf hin, dass weiterhin Veränderungen an der Skalenstruktur erforderlich sind. Hinsichtlich der Mimikanalyse liegt der Schluss nahe, dass die Mimik in schweren und schwersten Demenzstadien weniger gut zur Einschätzung von Schmerzen geeignet ist als in frühen und mittleren Stadien.

Doloplus-2

DoloPlus wurde erstmals 1992 publiziert und seitdem mehrfach modifiziert. Die französische Ursprungsversion wurde inzwischen ins Deutsche übersetzt. Die aktuelle Version umfasst zehn Items, maximal 30 Punkte können erreicht werden. Von einer österreichischen Arbeitsgruppe wurden Untersuchungen zur Validierung durchgeführt. Die psychometrischen Daten zur deutschen Version sind aber noch nicht publiziert. Bisherige Ergebnisse aus nicht-deutschsprachigen Ländern kommen bezüglich der Validität und Reliabilität zu unterschiedlichen Ergebnissen (Zwakhalen et al. 2006). Von der *Österreichischen Gesellschaft für Schmerztherapie* wird empfohlen, die Beurteilung mit dieser Skala gemeinsam von einem Arzt und einer Pflegeperson durchführen zu lassen. Die Pflegekraft soll den Patienten über längere Zeit, mindestens jedoch während der drei vorangegangenen Tage gepflegt haben. Beurteilt werden die somatischen, psychomotorischen und psychosozialen Schmerzauswirkungen.

Lebensqualität und Demenz

Auch bei Menschen mit demenziellen Erkrankungen sollte die Schmerztherapie nicht nur auf eine Reduktion der Schmerzintensität sondern auf die Verbesserung der Lebensqualität abzielen.

In den o. g. Beobachtungsinstrumenten zum Schmerzerleben wird bereits die Multidimensionalität von Lebensqualität (Waschen, Anziehen, Bewegung etc.) zumindest teilweise berücksichtigt. Für den deutschsprachigen Raum wurden in den letzten Jahren Lebensqualitätsinstrumente speziell für

Demenzerkrankte entwickelt, die bereits in Pflegeheimen eingesetzt werden (Becker et al. 2005). Diese im Verlauf einer Schmerzbehandlung einzusetzen, erscheint dem Autor empfehlenswert, vor allem um die Ergebnisse der Schmerztherapie überprüfen zu können. Da gerade bei Älteren mit chronischen Schmerzen Schmerzerleben und Funktion (Lebensqualität) nur wenig miteinander korrelieren, ist es von Bedeutung, ein umfangreiches Schmerzassessment durchzuführen, in dem Morbidität, Alltagskompetenz, Kognition, Depressivität und Mobilität mit beurteilt werden. Hierdurch können sich die Behandlungsmöglichkeiten erheblich erweitern.

Die Konzentration auf Analgetikagaben allein kann zum Therapieversagen führen. Multimorbide Schmerzpatienten im höheren Lebensalter und mit Demenz haben ein hohes Risiko, nicht ausreichend behandelt zu werden. Die sog. multimodale Schmerztherapie sollte bei der hier besprochenen Patientenklientel bereits in der Akutschmerztherapie beginnen, was in der geriatrischen Medizin und unter heutigen DRG-Bedingungen bedeutet, dass im Krankenhaus eine »geriatrische Komplexbehandlung« und im ambulanten Bereich eine »ambulante geriatrische Rehabilitation« durchgeführt werden.

Schlusswort

Schmerzen bei Patienten mit kognitiven Einschränkungen stellen eine tägliche Herausforderung für die Behandler dar, zu denen ich explizit auch die nicht-medizinischen Berufe zähle. Für die Bewertung der Schmerzausprägung und des Schmerzverhaltens sowie zur Erfolgskontrolle, wenn mehrere therapeutische Interventionen durchgeführt werden, sind die Informationen zum Schmerzerleben zu dokumentieren. Hierzu liegen inzwischen auch für den deutschsprachigen Raum einige standardisierte Skalen vor.

Jede Schmerzäußerung von Menschen mit Demenz sollte ernst genommen werden.

Literatur

Basler H, Bloem R, Casser H, Gerbershagen H, Grießinger N, Hankemeier U, Hesselbarth S, Lautenbacher S, Nikolaus T, Richter W, Schröter C, Weiß L (2001) Ein strukturiertes Schmerzinterview für geriatrische Patienten. Der Schmerz 15: 164–171.

Basler H, Hüger D, Kunz R, Luckmann J, Lukas A, Nikolaus T, Schuler M (2006) Beurteilung von Schmerz bei Demenz (BESD). Der Schmerz 20: 519–526.

Becker S, Kruse A, Schröder J, Seidl U (2005) Das Heidelberger Instrument zur Erfassung von Lebensqualität bei Demenz (H.I.L.D.E.). Z Gerontol Geriat 38: 108–121.

Dworkin R, Turk D, Farrar J, Haythornthwaite J, Jensen M, Katz N, Kerns R, Stucki G, Allen R, Bellamy N, Carr D, Chandler J, Cowan P, Dionne R, Galer B, Hertz S, Jadad A, Kramer L, Manning D, Martin S, McCormick C, McDermott M, McGrath P, Quessy S, Rappaport B, Robbins W, Robinson J, Rothman M, Royal M, Simon L, Stauffer J, Stein W, Tollett J, Wernicke J, Witter J (2005) Core outcome measures for chronic pain clinical trials: IMMPACT recommendations. Pain 113: 9–19.

Kunz M, Lautenbacher S (2003) Einfluss der Alzheimer-Erkrankung auf die Schmerzverarbeitung. Fortschritte Neurol Psychiat 71: 1–8.

Moers M, Schiemann D, Blumengerg P, Schemann J (2004) Expertenstandard Schmerzmanagement in der Pflege. Osnabrück (Deutsches Netzwerk für Qualitätsentwicklung in der Pflege).

Pautex S, Michon A, Guedira M, Emond H, Lous PL, Samaras D, Michel JP, Herrmann F, Giannakopoulos P, Gold G (2006) Pain in Severe Dementia: Self-Assessment or Observational Scales? J Am Geriat Soc 54: 1040–1045.

Schuler M, Becker S, Kaspar R, Nikolaus T, Kruse A, Basler H (2007) Psychometric properties of the German »Pain Assessment in Dementia Scale (PAINAD-G) in nursing home residents. J Am Med Dir Assoc 8: 388–395.

Schuler M, Neuhauser T, Oster P, Razus D, Hacker M, Kruse A (2001) Schmerzerkennung bei geriatrischen Patienten durch ein interdisziplinäres Team: Urteilssicherheit und Einflussfaktoren. Z Gerontol Geriat 34:376–386.

Schuler M, Njoo N, Hestermann M, Oster P, Hauer K (2004) Acute and chronic pain in geriatrics: Clinical characteristics of pain and the influence of cognition. Pain Medicine 5: 252–261.

Warden V, Hurley A, Volicer L (2003) Development and Psychometric Evaluation of the Pain Assessment in Advanced Dementia (PAINAD) Scale. Journal American Medical Directors Association 4: 9–15.

Zwakhalen S, Hamers J, Abu-Saad H, Berger M (2006) Pain in elderly people with severe dementia: A systematic review of behavioural pain assessment tools. BioMed Central Geriatrics 6: 1–15.

Korrespondenzadresse:
PD Dr. Matthias Schuler
Leitender Arzt Akutgeriatrie
Diakonie Krankenhaus Mannheim GmbH
Speyrer Str. 92–93
68163 Mannheim
E-Mail: *m.schuler@diako-mannheim.de*

Neuerscheinungen bei V&R

Alice Bodnár
Der ewige Kollege
Reportagen aus der Nähe des Todes
2009. 203 Seiten mit zahlreichen Farbfotos,
gebunden € 24,90 D
ISBN 978-3-525-40421-8

Wie stellt sich ein Bestatter das Jenseits vor? Lernen Ärzte, die Diagnose Krebs zu übermitteln? Was denkt ein Altenheimleiter über Sterbehilfe und wie ermittelt ein Polizeibeamter den genauen Todeszeitpunkt? In dieser eindrucksvoll gestalteten Fotoreportage werden Menschen porträtiert, die aufgrund ihres Berufes täglich mit der Vergänglichkeit des Lebens zu tun haben. Die bewegenden Dialoge und die sorgfältig ausgewählten Bilder entmystifizieren den Tod, stellen ihn als natürlichen Bestandteil des Lebens dar und regen zu einem angemessenen Umgang mit ihm an.

Regine Alegiani
Die späte Suche nach Grund
Eine analytische Psychotherapie
im höheren Alter
Mit einem Vorwort von Gerd Lehmkuhl.
2009. 128 Seiten, kartoniert
€ 17,90 D
ISBN 978-3-525-40151-4

Mit 69 Jahren entschließt sich Regine Alegiani zu einer analytischen Psychotherapie und trifft auf einen Analytiker, der sich trotz ihres Alters darauf einlässt. Vor dem Hintergrund der Diagnose einer Borderline-Persönlichkeitsstörung werden aus der Sicht der Patientin wesentliche Phasen der Arbeit an dieser frühen seelischen Störung wiedergegeben, die ihr Leben bis ins Alter hinein beschattete. Der Bericht schildert die Kommunikationslinien und das Beziehungsgeschehen zwischen Analytiker und Patientin.

Vandenhoeck & Ruprecht

Weitere Informationen: Vandenhoeck & Ruprecht Psychologie 37070 Göttingen info@v-r.de www.v-r.de

ViaNova: Privatstation
mit dem Schwerpunkt 50+

Peter Bäurle (Aadorf)

Die psychotherapeutische Klinik Aadorf im Thurgau liegt zehn Kilometer von der Kantonshauptstadt Frauenfeld entfernt in einem ländlichen Gebiet. Der erste Blick auf die Gebäude lässt nicht erkennen, dass es sich um eine psychotherapeutische Klinik handelt. Wenn man dorthin kommt, hat man vielmehr den Eindruck, sich in einem gehobenen Wohnquartier zu befinden.

Die Station ViaNova ist eine offene Psychotherapiestation. Das Altersspektrum der Patientinnen und Patienten reicht von 20 bis 80 Jahren und umfasst damit drei bis vier Generationen. Etwa 70% der Patienten sind aber über 50 Jahre alt. Zur Behandlung werden Menschen mit Depressionen, Angsterkrankungen, Somatisierungsstörungen, Traumafolgen, Zwangserkrankungen und Burn-Out-Syndromen aufgenommen. Sie sollten über eine ausreichende Introspektionsfähigkeit verfügen und weder selbst- noch fremdgefährdend sein.

Die Station hat 14 Betten und befindet sich in einem stattlichen Privathaus mit einer großzügigen Gartenanlage. Die zehn Einzel- und zwei Doppelzimmer sind mit Dusche und Toilette ausgestattet. Das Essen wird vor Ort frisch zubereitet. Den Patienten stehen Sauna, Whirlpool und Außenschwimmbad zur Verfügung.

Grundsätzlich wird vor jedem Eintritt ein unverbindliches Informationsgespräch durchgeführt, um einerseits die Indikation zu prüfen und andererseits den Patienten Informationen über die Therapie und über die Klinik zu geben. Das familiäre Ambiente der Station erleichtert es den Patienten sehr, sich auf diese Informationsgespräche einzulassen.

Auf der Station ViaNova haben die Entspannungsverfahren einen hohen Stellenwert, um dem Stresserleben, unter dem die meisten psychisch Kranken stehen, entgegen zu wirken. Neben den übenden Verfahren spielt für den Stressabbau auch die Umgebung eine wichtige Rolle. Die Einzel- und Doppelzimmer tragen dazu bei, dass sich die Patientinnen und Patienten nicht untereinander stören. Für das psychische Wohlbefinden ist eine angenehme Umgebung Voraussetzung insbesondere bei Patienten, die unter den Folgen von Traumata leiden oder ein Burn-Out-Syndrom haben. Bei der Auswahl der Patienten achten wir außerdem darauf, dass die Schweregrade ihrer Erkrankung nicht zu sehr differieren und dass so nicht einzelne Patienten ihre Mitpatienten durch ihr Verhalten belasten.

Auf der Station arbeiten drei PsychologInnen, ein Assistenzarzt und ein Chefarzt. Das Pflegeteam besteht aus vier Pflegefachfrauen. Vier Spezialtherapeutinnen sind außerdem für Einzel- und Gruppentherapien zuständig. Die TherapeutInnen haben unterschiedliche fachliche und methodische Schwerpunkte, sodass es möglich ist, Patienten je nach vorliegender Problematik mit unterschiedlichen Therapieformen individuell zu behandeln. Alle TherapeutInnen verfügen über eine mehrjährige Berufserfahrung und eine abgeschlossene psychotherapeutische Ausbildung.

Unsere therapeutische Grundhaltung ist die der Empathie, was für uns bedeutet, vorurteilslos zugänglich zu sein für das, was Patienten empfinden. Neben Einzeltherapien, die in der Regel dreimal wöchentlich stattfinden, werden Gestaltungs- und Bewegungstherapien in Gruppen und im Einzelsetting durchgeführt. Yoga, Feldenkrais, progressive Muskelrelaxation nach Jacobsen, Achtsamkeitsübungen, Psychoedukation, freies Gestalten sowie Nordic walking wird außerdem angeboten. Wichtig sind natürlich die psychotherapeutischen Verfahren, von denen bei uns je nach individueller Problemstellung Verhaltenstherapie, systemische Therapie, tiefenpsychologisch fundierte Therapie, Gestalttherapie oder Hypnose zur Anwendung kommen. Die Patienten profitieren aber auch von den komplementärmedizinischen Angeboten, wie von der *Traditionellen Chinesischen Medizin* mit Akupunktur sowie von Kräutertees, Phytotherapie und Massagen. Nach einer Beratung können die Patienten selbst auswählen, welche komplementären Verfahren bei ihnen angewandt werden sollen. Diese Wahlmöglichkeiten und der damit einhergehende Entscheidungsspielraum tragen wesentlich zur Zufriedenheit mit der Therapie bei. Humor ist ein weiteres wichtiges Element, das Entspannung ermöglicht und hilft, Beschämungen über die eigene psychische Erkrankung zu überwinden. Wichtig ist in der Therapie außerdem, den Körper nicht zu vernachlässigen, da sich psychische Störungen meist auch in körperlichen Symptomen wie Verspannungen und Schmerzen manifestieren.

Dreimal pro Woche essen die Patienten gemeinsam mit dem Chefarzt. Diese Begegnungen am Esstisch außerhalb des klassischen Settings tragen dazu bei, Normalität zu erleben und den Selbstwert wieder zu stärken, der oft durch die Notwendigkeit eines Klinikaufenthalts beschädigt wurde. Aber auch die Gemeinschaft untereinander bietet dazu Chancen, wenn die Patientinnen und Patienten beispielsweise abends am Feuer sitzen. Dort können sie sich austauschen und auch neue Freundschaften schließen.

Geraten Menschen, wenn sie sich in einer derartig beschützten Umgebung befinden, nicht in die Gefahr, mit dem Alltagsleben zu Hause nicht mehr zurechtzukommen? Um einer solchen Gefahr zu begegnen, sind in der Regel Wochenendurlaube vorgesehen, durch die der Bezug nach Hause wieder hergestellt wird. Die Belastungsurlaube am Wochenende sollen so früh wie möglich den Transfer der neuen Erfahrungen in den Alltag außerhalb des geschützten Klinikmilieus ermöglichen. Patienten können sich mit ihren Erfahrungen, die sie in der Klinik erworben haben, im häuslichen Umfeld neu orientieren, Feedback einholen und versuchen, ihr Umfeld danach zu gestalten.

Meist können während des Klinikaufenthaltes akute Probleme weitgehend gelöst werden. Oft ist aber auch noch nach dem stationären Aufenthalt eine weitere ambulante Therapie indiziert, die nach Möglichkeit durch Psychiater und Psychotherapeuten weitergeführt wird, die vor der stationären Behandlung die Therapie begonnen hatten.

Anliegen der Klinik ist auch, dass die Mitarbeiter in einer stressarmen Atmosphäre tätig sein können. Nur die Therapeuten, die selbst Ruhe und Gelassenheit ausstrahlen, sind wirklich geeignet, den Patienten auch Ruhe und Gelassenheit zu vermitteln. Es ist Teil unserer professionellen Arbeit, mittels Supervision und Intervision regelmäßig unser therapeutisches Vorgehen zu reflektieren.

Entgegen anfänglicher Bedenken wird die große Altersspanne der Patienten in der Station durchweg positiv erlebt. Das Verbindende der seelischen Krisen ist weit stärker als das Trennende des Altersunterschieds. Insbesondere von den Älteren wird die Anwesenheit jüngerer Patientinnen und Patienten sehr geschätzt. Umgekehrt profitieren jüngere im Dialog mit älteren Patienten von deren Erfahrungen und deren Wertschätzung. Therapeutisch bietet unsere altersgemischte Station die Möglichkeit, Konflikte oder Idealisierungen, die aus generationenübergreifenden Übertragungssituationen entstehen, zu bearbeiten.

Auf der Station ViaNova wird deutlich, dass die neue Generation der Älteren, die sog. Babyboomer und 68er, bereits begonnen hat, das Bild vom Alter zu verändern. Der Wunsch nach Psychotherapie und Komplementärmedizin ist bei den Menschen dieser Generation deutlich ausgeprägt und die Ansprüche an Unterbringung und Verpflegung sind hoch. Ebenso wie die älteren Menschen, die heute in Behandlung kommen, haben sich auch die Ursachen ihrer Erkrankungen verändert. Berufliche Belastungen, Partnerschaftskonflikte und die Kombination aus beiden Krankheitsursachen spielen eine große Rolle.

Es ist unser Ziel, uns mit dieser Station auf die Bedürfnisse der »neuen jungen Alten« einzustellen und mit entsprechenden therapeutischen Angeboten auf deren spezifische Themen und Probleme einzugehen. Deshalb orientieren wir unser Konzept 50+ an den Bedürfnissen dieser Patientinnen und Patienten und beziehen sie durch Befragungen in die weitere Konzeptentwicklung ein.

Korrespondenzadresse:
Chefarzt Dr. med. Peter Bäurle
Psychotherapeutische Klinik Aadorf
Fohrenbergstr. 23
CH–8355 Aadorf
E-Mail: *p.baeurle@klinik-aadorf.ch*

Besprechungen

Regine Alegiani (2009) Die späte Suche nach Grund.
Göttingen (Vandenhoeck & Ruprecht) 128 S., 17,90 €.

In diesem Buch beschreibt Frau Alegiani als ältere Patientin ihr Erleben in einer psychoanalytischen Psychotherapie. Als therapieerfahrene Patientin hatte sie sich mit 69 Jahren erneut für eine Therapie und diesmal für eine analytische Psychotherapie entschieden. »Erst in der analytischen Arbeit, deren eigentlicher Anlass letztlich eine Art innerer Tod war, nahm ich langsam widerstrebend die dünnen, jedoch äußerst widerstandsfähigen Glaswände wahr, die ich um mich gezogen hatte und die mich möglicherweise geschützt haben, mich aber auch vom Wirklichen und von seelischer Reifung trennten. Die wiederholten Hinweise des Analytikers, diese oder jene Haltung oder Handlung komme aus meiner Welt, wurde zu einer Art Mantra, dessen Erwähnung mich allmählich diese Welt fürchten und den Wunsch entstehen ließ, sie zu verlassen« (30f.).

Es ist sicher schwierig über eine eigene, gerade noch laufende Therapie zu berichten, ohne exhibitionistisch zu sein. Dies gelingt der Autorin, jedoch werden nur wenige Szenen konkret geschildert. Ihre Weise, die Therapie zu erleben, wird poetisch-anschaulich beschrieben – eine inzwischen lebendige innere Welt, die in der Behandlung wieder mobilisiert wurde, kommt zum Ausdruck. Frau Alegiani benennt fünf Punkte (40), die für sie besonders stützend und klärend waren:

➤ Die Erfahrung, dass ihr die Diagnose Persönlichkeitsstörung zugemutet wurde.
➤ Die Arbeit an Konflikten im Hier und Jetzt.
➤ Die Arbeit an der Übertragung von Gefühlen auf den Analytiker.
➤ Eine neue Erfahrung von Grenzen und Halt.
➤ Die Entdeckung der menschlichen Destruktivität im eigenen Inneren.

In dem beschriebenen Prozess und im Erleben geht es nur um seelische Prozesse, die in der Selbstreflexion und auch in der Beziehung zum Analytiker auftraten. Beziehungen und Beziehungsveränderungen zu anderen Menschen werden im gesamten Buch nicht angesprochen, sodass der Wunsch, die eigene Welt zu verlassen, offensichtlich nicht sehr weitgehend realisiert wurde. Wichtig erscheint mir, dass im Gegensatz zu anderen Therapieberichten die Klärung der eigenen Destruktivität mit Hass und Neid einen hohen Stellenwert hat.

Die Auseinandersetzung mit dem Altern ist, obwohl das Buch optimistisch und therapiebegeistert geschrieben ist, eher resignativ: »Die Erfahrung von Schmerz und Sorge, der Einschränkung von Leistungskraft und Zukunfts-

Besprechungen

perspektive kann traumatischen Charakter annehmen. Von derartigen Erfahrungen ist da Alter in besonders intensiver Weise betroffen« (34). Oder: »Als Patientin meines Alters habe ich nicht mehr die Möglichkeit, das, was mir in den vergangenen Jahren als Einsichten über die menschliche Entwicklung und von Menschlichkeit getragenen Beziehungen zur Außenwelt zugewachsen ist, in einer generativen Beziehung zu leben und weiterzuentwickeln« (118).

Frau Alegiani beschreibt sehr schön, wie sie im Laufe der Therapie lebendiger wird und wie ihre Arbeitsstörung, die sich vor allem auf das Schreiben bezieht, sich im Rahmen der analytischen Therapie bessert. Sicher ist das Buch ein Zeugnis dieser Besserung. Das Buch ist interessant zu lesen und gibt einen guten Einblick, was in einer Therapie geschehen kann. Die Beschreibung regt eigene Gedanken an, über sich selbst, über die eigene – oft fehlende – innere Lebendigkeit nachzudenken. Ich hätte mir aber gewünscht, dass mehr beschrieben wird, wie die Veränderungen in der Therapie sich auch auf die Beziehungen zur »Welt« auswirken.

Johannes Kipp (Baunatal)

Hartmut Kraft (2008) PlusHeilung – Die Chancen der großen Krisen. Stuttgart (Kreuz) 200 S., 17,95 €.

Der Autor, Psychoanalytiker und Nervenarzt, trifft mit seinem Buch ein wichtiges Thema für die persönliche Entwicklung eines jeden Einzelnen. Seine Schrift ist nicht ausschließlich auf Themen des Alterns zentriert. Mit seiner biografischen Ausrichtung, die theoretisch auf Konzepten von Erikson basiert, handelt er die Krisen im Verlauf der Lebensentwicklung ab, wobei er in diesen auch die Chance für Neues sieht. Zunächst nennt er die verschiedenen Varianten von Lebenskrisen, die er in medizinischer und psychoanalytischer Terminologie beschreibt und durchaus alltagsrelevant einordnet:
- Krisen, die nach einer Krankheitsphase mit einer Restitutio ad integrum überwunden werden,
- Krisen, die in einer »Defektheilung« enden,
- chronisch destruktive Dauerkrisen,
- rezidivierende Krisen bei einer nicht bearbeiteten Grundstörung, und schließlich
- Krisen, die nach längerer Krankheit mit dem Tod enden.

Diesen Krisen mit vorwiegend wenig erfreulichen Perspektiven stellt Hartmut Kraft andere Krisen gegenüber, bei denen es nach einer Phase der drastischen Verschlechterung zu einer Weiterentwicklung und Verbesserung kommt. Eine solche Entwicklung bezeichnet er als PlusHeilung. Hiermit greift er indirekt psychoanalytische Entwicklungsvorstellungen auf: Aus psychoanalytischer Sicht kann es auch nach regressiven Episoden zu einer anhaltenden Progression kommen.

Der Autor betont, dass er keineswegs der Entdecker dieses Phänomens sei, vielmehr existiere es seit jeher. Es sei aber sinnvoll, die Wahrnehmung hierfür zu schärfen und das Phänomen der Wandlungskrisen neu zu würdigen. Diesem Argumentationsstrang folgend beschreibt er an Repräsentanten der Kultur- und Religionsgeschichte Wandlungskrisen. So wendet er seinen Blick Buddha und Jesus Christus, aber auch Freud, Jung und Beuys zu und geht auf prominente und schließlich auch auf nichtprominente Persönlichkeiten ein, die er als Psychoanalytiker kennengelernt hatte. Zwar ist der Spannungsbogen der beschriebenen Personen weit, jedoch verkommen seine Darstellungen niemals zu populistischen Allgemeinplätzen und Klischees. Vielmehr macht er anhand seiner bunten Mischung von Fallbeispielen auf die Allgemeingültigkeit dieses Phänomens aufmerksam.

Das Buch ist gut lesbar und stellenweise spannend geschrieben und für die mit der psychotherapeutischen Behandlung und psychosozialen Versorgung befassten Fachleute wie für gebildete Laien gut verständlich. Seine Ausführungen sind mit zahlreichen Literaturhinweisen theoretisch solide fundiert. Für diejenigen, die sich mit der Psychotherapie von Älteren beschäftigen, ist es wichtig zu erfahren, dass es sich gerade dann lohnt, Wandlungskrise erfolgreich zu überwinden, wenn die verbleibende Lebenszeit begrenzt ist. Wohltuend ist, dass hier weder ein oberflächlicher Machbarkeitseuphemismus vertreten wird, noch eine lähmende Resignation droht, sondern eine realitätsbezogene psychotherapeutische Perspektive eröffnet wird. Ob aber der von Hartmut Kraft aus der Taufe gehobene Begriff PlusHeilung zur Klärung beiträgt, ist allerdings fraglich.

Bertram von der Stein (Köln)

Maggie Philipps (2009) Chronische Schmerzen behutsam überwinden – Anleitungen zur Selbsthilfe. Heidelberg (Karl Auer) 218 S., 19,95 €.

Nach einem lobenden Vorwort schreibt Maggie Philipps auf den ersten Seiten des Buches: »Körpergewahrsein ist eines der wirksamsten Mittel zur Beeinflussung von Schmerzen. Dieses Buch hilft Ihnen in erster Linie, Ihr Körpergewahrsein zu verbessern und die natürlichen Ressourcen Ihres Körpers zu nutzen, sodass Sie herausfinden können, wie sich Ihr persönlicher hartnäckiger Schmerz auflösen lässt. Wenn Ihr Geist nicht die Führung übernimmt, kann sich ihr Körper in primitiven Schmerzreaktionen verirren« (13).

Vom Konzept der Schmerzschranke ausgehend wird u. a. ausgeführt: »Ein Hauptziel dieses Buches ist, Ihnen beizubringen, wie Sie die Schmerzschranken kontrollieren können, um die Zahl der zum Gehirn gelangenden Schmerzsignale zu verringern« (22).

Es werden Möglichkeiten genannt, wie diese Schmerzschranke geschlossen werden kann (22), und zwar:
1. mit stimulierenden Empfindungen,
2. mit Atemübungen, Meditation, Fantasiereisen und Selbstsuggestion, wenn Schmerzempfindungen bereits die Kontrollschranken passiert haben,
3. durch Hemmung von Entzündungen und
4. über vier Neurotransmitter, die bei der Interaktion zwischen Rückenmark, Gehirn und restlichem Nervensystem wichtige Rollen spielen würden. Hier wird vor allem auf Nahrungsergänzungsmittel verwiesen.

Außerdem wird die Stimulierung der Endorphinausschüttung durch Sport als schmerzlindernde bzw. schmerzblockierende Möglichkeit mehrfach genannt.

Eigentlich hatte ich gehofft, ein Selbsthilfebuch in die Hände zu bekommen, in dem wissenschaftliche Sachverhalte und sinnvolle Übungsanleitungen in einer Weise vermittelt werden, dass sich Schmerzkranke nach dem Durcharbeiten nicht mehr so ohnmächtig den Schmerzen ausgeliefert fühlen. Sie sollten die Hoffnung gewinnen, sich durch Entspannung, Bewegung und andere Formen des Trainings helfen zu können.

Was mir bei der Lektüre des Buches gefallen hat, war die Grundhaltung, aus den dargestellten Anregungen das auszusuchen, was individuell hilfreich erscheint. Leider wurde meine Hoffnung enttäuscht! Das Buch ist ganz chaotisch geschrieben. Unter der Kapitelüberschrift *Eins sein mit dem Körper und Atmen* werden beispielsweise zahlreiche Tipps gegeben, wie durch Ernährung und Nahrungsergänzungsmittel Schmerzen bekämpft werden könnten. Im selben Kapitel wird eine Übung zum Zwerchfellatmen beschrieben: »Wenn Du die Zwerchfellatmung 3 bis 5 Minuten lang üben willst, kannst Du das gut während einer anspruchslosen Beschäftigung tun, beispielsweise während Du Musik hörst oder fernsiehst.« Ich glaube kaum, dass so durch 3- bis 5-minütige Übungen das *Eins sein mit dem Körper* gefördert wird.

Geradezu fahrlässig werden anatomische oder physiologische Argumente gebraucht, um die Wirkung von Übungen in gewisser Weise anschaulich zu machen: »Setze oder lege Dich bequem und atme durch die Nase so lange ein, bis Dein Bauch mit Luft gefüllt ist – lasse erst dann die Luft in die Lungen strömen« (44). Es ist unklar, ob solch abstruse Sätze von der Autorin verantwortet werden müssen oder ob sie ein Ergebnis der Übersetzung sind.

Problematisch ist auch, dass in diesem Buch zahlreiche Übungen und Methoden so angesprochen werden, als ob der Leser schon wisse, wie diese durchgeführt werden. Ausführliche und verständliche Anleitungen zu den Methoden, die sich in der Schmerzselbsthilfe besonders bewährt haben, fehlen meist, sodass die Schrift leider nicht ihrem Titel gerecht wird.

Johannes Kipp (Baunatal)

Psychosozial-Verlag

Horst Kächele, Friedemann Pfäfflin (Hg.)
Behandlungsberichte und *Therapiegeschichten*
Wie Therapeuten und Patienten über Psychotherapie schreiben

344 Seiten · Broschur
ISBN 978-3-8379-2016-1

Seit jeher in der Geschichte der Psychoanalyse und Psychotherapie sind Fallberichte für die Entwicklung der Theorie und therapeutischen Technik von zentraler Bedeutung, angefangen bei Sigmund Freuds berühmten literarischen Texten und fortgeführt in Transkripten tonbandprotokollierter Aufzeichnungen einzelner Sitzungen und vollständiger Therapieverläufe. Auch Patienten beschreiben ihre Therapien und beziehen kritisch oder zustimmend dazu Stellung, was sie in ihrer Therapie erlebt haben, wie ihnen die Behandlung geholfen oder geschadet hat. Erst über die Polarität beider Perspektiven lassen sich Authentizität und Wahrheit therapeutischer Prozesse erfassen.

Michael B. Buchholz
Psycho-News IV
Aktuelle Briefe zur empirischen Bereicherung der Psychoanalyse

456 Seiten · Broschur
ISBN 978-3-8379-2020-8

Ziel dieser Sammlung von »Psycho-News-Lettern« ist der Nachweis, dass die Psychoanalyse in der empirischen Forschung viel besser dasteht als gemeinhin angenommen. Michael B. Buchholz berichtet darin im Auftrag des DGPT-Vorstands monatlich über den aktuellen Forschungsstand.

Er informiert darüber, ob die »Methode« oder der »Therapeut« hilft, was es Neues zur Gewaltforschung gibt, wie Psychoanalyse und Religion zueinander stehen, und präsentiert etwa Forschungen zur Frequenzfrage oder informiert über besondere Realitätsaspekte wie die Intrige in menschlichen Beziehungen. Mehrfach greift er Forschungen über die geheimen Beziehungen zur Musik auf und zeigt, wie höchst skeptisch innerhalb der Empirie bestimmte Studiendesigns gesehen werden. Nicht zuletzt bietet er fundiertes Wissen über die Entwicklung zu einem guten Psychotherapeuten.

Walltorstr. 10 · 35390 Gießen · Tel. 0641-9699 78-18 · Fax 0641 - 9699 78-19
bestellung@psychosozial-verlag.de · www.psychosozial-verlag.de

Der Schmerz, nicht geliebt zu werden

Silvia Steffen (Aadorf)

In der psychotherapeutischen Praxis begegnen uns täglich Menschen, die häufig die Erfahrung gemacht haben, nicht geliebt worden zu sein. Ihre Lebensgeschichte ist davon geprägt, dass sie oft Gewalt und Demütigungen ausgesetzt waren, ohne ein Recht auf Würde und Wertschätzung zu haben. Ein Zeichen dafür sind Schmerzen, die sich trotz der unterschiedlichsten Lebens- und Überlebensstrategien zeigen.

Bei Frau S., 62 Jahre alt, wurden die erlittenen Schmerzen in der Beziehungsgestaltung und Partnerwahl deutlich. Alle Beziehungen verliefen bis ins fortgeschrittene Alter nach dem gleichen Muster. Sie waren geprägt von fehlender Wertschätzung, oft einhergehend mit seelischer und körperlicher Gewalt. Frau S. regierte verzweifelt, sie erkannte, wie sich etwas wiederholte, was sie mehr und mehr zerstörte und depressiv werden ließ. Sie begab sich deshalb in eine stationäre Psychotherapie, in der ich sie kennenlernte und mit ihr zu arbeiten begann. Intellektuell konnte sie schnell gewisse Zusammenhänge bei sich erkennen und diese in Verbindung mit den Traumata in ihrer Kindheit bringen. Jedoch bestand eine Art innere Barriere, die den Zugang zu ihren Gefühlen blockierte. Sie bemühte sich, achtsamer mit sich umzugehen, und doch blieb immer ein Stück innerer Distanz bestehen.

Frau S. nahm an den wöchentlichen Gestaltungstherapiegruppen teil und kam zusätzlich zur Einzeltherapie. Das Malen tat ihr gut, es weckte ihre Kreativität und Lebendigkeit. Über das Gestalten wurde allmählich der Weg zu ihren Gefühlen frei, die sie bislang hinderten, sich selbst wirklich anzunehmen. Es gelang ihr mehr und mehr, zu ihren innersten Gefühlen vorzudringen. In einer Einzeltherapiestunde entstand das Titelbild. Ein Durchbruch war damit verbunden: Der Schmerz, nicht geliebt und respektiert worden zu sein, brach aus ihr heraus. Er entlud sich unter Tränen und Toben. Gleichzeitig war es für sie wie eine Neugeburt. Frau S. fand danach wieder mehr zu sich selbst und begann ihr Leben neu zu gestalten.

Korrespondenzadresse:
Silvia Steffen, Mal- und Gestaltungstherapeutin
Klinische Psychotherapie
Klinik Aadorf
Fohrenbergstr. 23
CH–8355 Aadorf
E-Mail: *s.steffen@klinik-aadorf.ch*

Veranstaltungshinweis

13. Wissenschaftliche Arbeitstagung
Gerontopsychosomatik und Alterspsychotherapie
am Universitätsklinikum Münster

26. und 27. Februar 2010

Leitthema: »Ich wollte nie auf andere angewiesen sein!« –
Pflege- und Hilfsbedürftigkeit im Alter

Leitung und Organisation:
Prof. Dr. med. G. Heuft
Klinik und Poliklinik für Psychosomatik und Psychotherapie
Domagkstr. 22
48149 Münster
Tel: 0251 83 52902
Fax: 0251 83 52903
E-Mail: *Psychosomatik@mednet.uni-muenster.de*

1. Aadorfer Symposium

Die neue Generation 50+
Was erwartet sie von ihrer Psychotherapie?
3. und 4. Juni 2010
Informationen unter www.alter-nativ.ch.

Autorinnen und Autoren

Peter Bäurle, geb. 1950, Dr. med., Facharzt für Psychosomatische Medizin, Klinische Geraterie, Diplom Geriatrie IUKB, Mitherausgeber der PiA, Lehrbeauftragter an der Universität Zürich. Seit 2009 Chefarzt ViaNova, Klinik Aadorf, Schweiz.

Rolf Dieter Hirsch, geb. 1946 in München, Prof. Dr. phil. Dr. med. Dipl.-Psych. ist Arzt für Nervenheilkunde und psychotherapeutische Medizin, Psychoanalytiker und Gerontologe. Er arbeitet seit 1991 als Chefarzt der Abteilung für Gerontopsychiatrie und -psychotherapie und des Gerontopsychiatrischen Zentrums der LVR-Klinik Bonn. Er lehrt an der Universität Erlangen-Nürnberg im Bereich Psychogerontologie. Forschungs- und Arbeitsschwerpunkte: Heiterkeit und Humor im Alter, Gewalt und Diskriminierung im Alter, ethische Aspekte der Gerontopsychiatrie, Alternspsychotherapie.

Johannes Kipp, geb. 1942, Dr. med., Facharzt für Neurologie und Psychiatrie, Psychosomatische Medizin und Psychotherapie, Psychoanalytiker (DGPT) und Gruppenlehranalytiker (DAGG), Direktor der Klinik für Psychosomatische Medizin am Klinikum Kassel. Zahlreiche Veröffentlichungen insbesondere zur Psychotherapie im Alter, Buchveröffentlichungen zur Gerontopsychiatrie und Psychosentherapie, Mitherausgeber und Schriftleiter von PiA.

Felix Müller, geb.1950 in Zürich, Dr. med. Neurologe FMH. Seit 1989 Leitender Arzt für Neurologie am Kantonsspital Münsterlingen, vorwiegend klinisch tätig. Spezielle Interessen: Chronische Schmerzen, funktionelle Störungen, zerebrovaskuläre Erkrankungen.

Johann Caspar Rüegg, geb. 1930 in Zürich, Prof. emer. Dr. med. Ph. D., bis 1998 Ordinarius für Physiologie an der Universität Heidelberg; seither freiberufliche Tätigkeit als Autor von Publikationen und Büchern auf dem Gebiet der Psychophysiologie und Psychosomatik, z. B. »Gehirn, Psyche und Körper – Neurobiologie von Psychosomatik und Psychotherapie« (4. Aufl. 2007).

Bernadette Ruhwinkel, geb. 1961, Dr. med., Fachärztin für Psychiatrie und Psychotherapie mit Schwerpunkt Alterspsychotherapie FMH, Integrierte Psychiatrie Winterthur. In Nordrheinwestfalen aufgewachsen, Studium der Medizin in Münster, Dissertation bei Prof. Tölle. Seit 1996 in der Region Winterthur psychiatrisch/psychotherapeutisch tätig. Bei Prof. Willi in Zürich

Autorinnen und Autoren

Ausbildung als ökologisch-systemische Einzel-, Paar- und Familientherapeutin, seit 2001 Aufbau und Entwicklung der Psychotherapiestation in Winterthur. Derzeit Masterstudiengang in Supervision und Coaching für Organisationen an der ZHAW in Zürich.

Matthias Schuler, geb. 1960 in Karlsruhe, Medizinstudium in Heidelberg. 1995–2004 leitender Oberarzt am Bethanien-Krankenhaus, Geriatrisches Zentrum der Universität Heidelberg und seit 2005 leitender Arzt der Akutgeriatrie am Diakoniekrankenhaus Mannheim. 2008 Habilitation zum Thema »Schmerzerfassung bei Menschen mit Demenz«. Qualifikationen: Innere Medizin, Geriatrie, spezielle Schmerztherapie, Palliativmedizin, Physikalische Therapie. Schwerpunkte der klinischen Arbeit: Demenz, Schmerz, Schlaganfallstation, Sturz, Diabetes mellitus.

Christian Schwegler, geb. 1970, TCM-Arzt mit Tätigkeitsschwerpunkt in der Behandlung von chronischen Schmerzen und psychosomatischen Krankheitsbildern. Zurzeit in der Psychiatrischen Klinik Münsterlingen tätig. Zuvor Weiterbildung in Innerer Medizin, Anästhesie und Schmerztherapie. Ausbildung in Traditioneller Chinesischer Medizin (TCM) in Deutschland und China. Anschließend mehrjährige Tätigkeit am Zentrum für TCM in Konstanz. Lehrbeauftragter für Akupunktur beim Colleg Akupunktur und Naturheilverfahren in Deutschland.

André Thali, geb. 1951, Dr. phil., Fachpsychologe für klinische Psychologie und Psychotherapie FSP. Seit 1982 psychodiagnostisch und psychotherapeutisch tätig an der Rehaklinik Bellikon (Schweiz) mit Schwerpunkt in der Rehabilitation von Unfallverletzungen. Besondere Interessen: Schmerzpsychotherapie, Traumatherapie, somatoforme Störungen.